JIHAD ACADEMY

Journaliste indépendant (*Le Point*, Arte...), ex-otage en Syrie, libéré en avril 2014, Nicolas Hénin a été plusieurs fois nominé au prix Bayeux-Calvados des correspondants de guerre. Ses qualités ont ainsi été reconnues à la fois pour la radio (2004 et 2011), pour la télévision (2008) et pour la presse écrite (2013). Il a reçu en septembre 2014 le Prix de la fondation May Chidiac pour le courage en journalisme et le Prix du livre des Géopolitiques de Nantes 2015 pour *Jihad Academy*.

NICOLAS HÉNIN

Jihad Academy

Nos erreurs face à l'État islamique

Préface inédite de Salam Kawakibi

ÉDITION MISE À JOUR PAR L'AUTEUR

FAYARD

La préface de cette édition, initialement parue dans l'édition arabe de *Jihad Academy*, a été traduite ici en français par Lama Azab.

À la mémoire de Wladimir Glasman.

Préface

Au début de ce siècle, alors que je travaillais encore dans ma ville d'Alep, il m'a été donné, dans le cadre de mon métier et de mes études, d'accueillir et de rencontrer des dizaines de journalistes occidentaux. Ceux-ci étaient, à l'époque, assez nombreux à se rendre en Syrie. Nos conversations étaient souvent longues et variées. En les observant, j'ai pu en distinguer deux catégories. Il y avait, d'une part, ceux qui restaient en Syrie deux ou trois jours seulement et qui en repartaient avec de nombreux articles, enquêtes et reportages, sur la base d'un ou deux entretiens seulement et de nombreuses sources écrites. L'essentiel de leur travail consistait donc à recouper différentes sources et à consulter certains « experts », ou certaines personnalités politiques, du gouvernement et parfois de l'opposition, lorsqu'il était possible pour celles-ci de rencontrer des journalistes étrangers. Et puis, il y avait des

connaisseurs de l'histoire de la Syrie et de sa
géographie, qui passaient beaucoup plus de
temps sur place, quand cela leur était permis
bien sûr. Ils traversaient le pays d'est en ouest,
et du nord au sud. Afin que ces périples soient
fructueux, ces journalistes voulaient maîtriser
autant que possible la langue des Syriens, ils
connaissaient leurs us et coutumes, loin des
projets orientalistes ambulants qui cherchent
toujours à souligner « l'étrangeté » de toutes
les situations auxquels ils sont confrontés,
l'étrangeté des mots aussi.

La Syrie, en ce temps-là, vivait ce que l'on
avait appelé le « Printemps de Damas », ce que
l'on avait décrit comme « la voie de la modernisation et du développement ». D'aucuns
cherchaient à promouvoir l'image de l'épouse
du président, décrite dans la presse people
comme « la rose du désert ». On parlait également du « président jeune », qui était pour
certains, « bon, mais entouré d'éléments corrompus ». Il y avait cette supposée dichotomie
entre « vieille garde » et « nouvelle garde », des
mots rabâchés encore et encore. Certains nour-
rissaient de grands espoirs pour un vrai changement, pour des réformes radicales, une sortie
prochaine de cet étouffant despotisme, vers la
lumière d'une démocratie relative ou progres-
sive. Beaucoup semblaient prêts à mener cette
expérience de la démocratie au ralenti, d'une

démocratie « aussi lente que faire se peut ». Il
semblait y avoir comme une main tendue, les
espoirs grandissaient, les visages commençaient
à retrouver le sourire. On semblait s'éloigner
de ces jours noirs du despotisme politique et
de la corruption économique. Pourquoi pas ?
N'y avait-il pas, après tout, le modèle maro-
cain, où une ouverture relative avait vu le jour
dans la vie politique et dans le domaine des
droits, après le départ du père et l'arrivée du
fils au pouvoir ? Une partie des Syriens avait
donc accepté, un peu à contrecœur que le
pays devienne une république héréditaire, une
« république-monarchie », selon Saad Eddine
Ibrahim[1]. D'autres Syriens persistaient à ne pas
croire en ce leurre, en ces réformes factices, en
cette transmission du pouvoir. On regardait,
avec scepticisme, les nouveaux technocrates
qui commençaient à entourer l'appareil politique et sécuritaire.

C'est pendant cette période riche en bouleversements que Nicolas Hénin m'a rendu visite.
Je ne connaissais rien de ses travaux et de ses
écrits. Mais je savais que c'était un jeune journaliste qui avait collaboré avec de nombreux
médias. J'espérais de tout cœur qu'il ne fasse

---

1. Allusion à un mot-valise devenu populaire pour
désigner la République syrienne sous le règne des Assad
(N.D.A.).

pas partie de la première catégorie de journalistes, qui passent en coup de vent. Avant
de rentrer dans une discussion approfondie,
je cherchai à connaître ses « orientations »
professionnelles. Quel fut mon soulagement
lorsque je m'aperçus qu'il connaissait les bases
de la langue arabe, qu'il maîtrisait l'histoire de
la région, et de nombreux éléments relatifs à
sa géopolitique ! J'étais plus rassuré encore
lorsque nous avons commencé à dialoguer, et
lorsque j'ai pu l'écouter, sans préméditation,
enregistrer un sujet pour une radio française,
pendant l'un de nos entretiens.

Depuis lors, malgré la distance géographique,
et malgré tous les changements intervenus en
Syrie ainsi que le brouillard qui enveloppe la
scène politique, la violence qui caractérise les
conditions sécuritaires et l'obscurantisme qui
règne sur les modes de pensée, j'ai pu continuer à prendre des nouvelles de Nicolas, et à
suivre ses travaux et contributions, même de
manière discontinue.

Au début de la Révolution syrienne, et avant
la tournure violente que les événements ont
prise, les médias occidentaux commencèrent
à produire de nombreux contenus et les journalistes prirent des positions diverses face aux
bouleversements qui secouaient la Syrie. Il
était possible de voir avec la plus grande clarté
qui avait choisi de se tenir du côté de la vérité,

et de transmettre cette vérité avec le plus grand professionnalisme et une compréhension aiguë de la situation. D'un autre côté, il n'était pas difficile d'identifier ceux qui trahirent leur éthique. Le paysage médiatique français a, dès lors, mis en avant une élite de journalistes spécialistes de la région, des personnes qui, tout en étant professionnelles et intègres, ont continué à se tenir du côté de la vérité et des droits humains, des valeurs démocratiques et des droits des peuples. Parmi ceux-là, il convient de citer Nicolas Hénin, Jean-Pierre Perrin et Christophe Ayad.

Lorsque Nicolas Hénin a voulu se rendre en Syrie, à un stade avancé du conflit, afin de transmettre la réalité du terrain à un lecteur français soumis à la terreur des « néo-islamistes » et à la vision orientaliste nourrie par les médias visant à faire croire que seules les minorités sont en danger et que le « choléra » vaut mieux que la « peste », je savais avec certitude que sa mission serait des plus difficiles et des plus dangereuses. Toutefois, j'étais persuadé que la nature du travail de reporter était de ne pas craindre ces « zones de turbulence » ou toute autre forme d'affrontement. Nicolas s'est montré particulièrement courageux à cet égard. C'est ainsi qu'il est tombé entre les mains des terroristes de Daech, enlevé dans le labyrinthe de leurs geôles dans la campagne de

Raqqa occupée par l'organisation, dans cette Syrie profonde qu'il avait tant aimée, et dont il avait aimé le peuple et la civilisation. Son calvaire aura duré dix mois.

Lorsque des otages occidentaux sont libérés, il est coutume qu'ils écrivent leur propre récit de cette expérience de l'enlèvement par tel ou tel groupe terroriste. Les librairies occidentales, et françaises notamment, regorgent de ce type d'ouvrages pleins d'émotions et très recherchés par les maisons d'édition. Ces livres battent des records de ventes. Il est coutume donc que les éditeurs commandent à d'anciens otages un récit intime qui satisfasse une forme de voyeurisme de certains lecteurs.

Nicolas Hénin aura rompu avec cette règle. Une fois libéré, il a effectivement reçu des appels dans ce sens. Fort conscient de la réalité des choses, il a préféré se concentrer sur son travail d'enquête, d'analyse et de documentation. Il n'a pas cherché à s'attirer la sympathie de quiconque. Nicolas avait donc fait son choix : il s'en tiendrait à son attitude professionnelle de départ. Et c'est ainsi que cet ouvrage a vu le jour. Au fil des pages qui suivent, vous découvrirez, cher lecteur, les outils nécessaires à la compréhension de la catastrophe, qui a frappé notre région : Daech. Il s'agit d'avoir une compréhension moins superficielle et plus directe de ce qu'est le terrorisme, ce phénomène si étroitement lié au rôle qu'ont joué les régimes despotiques et oppresseurs dans l'assèchement des sources de la pensée éclairée. Vous comprendrez qu'en mettant en lumière les actes des seuls extrémistes, on ne fait que cacher, volontairement ou involontairement, des centaines de crimes commis au quotidien par les forces gouvernementales et les milices étrangères présentes sur le territoire syrien, à côté de ces terroristes qu'elles sont censées combattre.

Ce « gang terroriste », dont on connaît mal les origines, l'évolution présente et à venir, a annoncé la naissance ou le retour du califat. C'est alors que différents représentants gouvernementaux et autres politiques, ainsi que des civils et des religieux ont feint la surprise. Le fait est que ces terroristes ont pu prouver qu'ils avaient été à bonne école. Le despotisme religieux de Daech n'est que l'expression moderne d'un despotisme politique qui opprime la nation tout entière. L'État-nation a échoué à s'installer et à s'ancrer : c'est qu'il n'a tenté de le faire que par la répression et la destruction. Il faudra nous tenir à distance d'une lecture directe des événements et d'un suivi précis de la moindre évolution ; de la satisfaction sadique de certains observateurs et analystes contents du désespoir de ceux qui attendaient un changement démocratique dans

la région ; du sentiment d'échec et de frustration d'une certaine élite qui voudrait « laisser
faire », après avoir un jour cru qu'un avenir
sans despotisme, qu'un avenir libre et prospère
nous attendait. Il faudra nous tenir à distance
de cette impuissance maladive et quasi sadique
de certaines instances européennes qui ont
continué à s'associer à des régimes et modes
de gouvernement dictatoriaux religieux, financiers, militaires ou de « gangs », sans sourcil-
ler. Il faudra se tenir à distance de l'ambiguïté
américaine, de l'attitude d'un Barack Obama,
qui reste caractérisée par une schizophrénie
et un manque évident de prise de position. Il
faudra se tenir à distance de l'attitude russe
intransigeante et cynique. Il faudra se tenir à
distance d'un plan iranien qui se caractérise
par un grand calme et une sérénité d'action
inébranlable, malgré le nombre de victimes
qu'il aura faites. Il faudra se tenir à distance
des éléments religieux et militaires de la scène
régionale. Il faudra se tenir à distance des
politiques turques instables. Tenons-nous à
distance de tout cela donc, et posons un grand
miroir, face à cette scène, pour y voir le reflet
des trajectoires qui ont, à leur tour, mené aux
présentes trajectoires.

Nous parlons ici de décennies de despotisme et d'hégémonie des appareils sécuritaires
cachés derrière un parti unique. On a voulu,

de manière totalement préméditée, empêcher les populations de penser, les rendre ignorantes, les assujettir en les orientant vers la voie de l'irrationnel. En plein cœur du désert intellectuel, qui comporte toutefois quelques oasis dont la portée et l'influence restent limitées, et qui deviennent mirages dès lors qu'elles sont confrontées au moindre obstacle, les germes de l'extrémisme et du crime ont commencé à pousser. Ils ont pu porter des noms divers, chargés de haine et de rancœur. Ces groupes se basent sur une distorsion détestable, mais efficace, du texte sacré, et sur une politique populiste. Tout cela trouve son origine dans la faiblesse d'un discours politique conscient qui aura échoué face à des régimes despotiques qui sont allés jusqu'aux pires extrémités dans leurs exactions. Ces régimes ont préféré faire face aux extrémistes qu'ils ont eux-mêmes créés, à leur image, plutôt que de rentrer dans un débat sérieux avec une véritable opposition politique qui pourrait entrer en compétition avec eux, et envisager d'accéder un jour au pouvoir et d'avoir une part de sa prétendue légitimité.

La violence de ces dernières années en Syrie, et dans certains pays voisins n'a rien d'inévitable. Elle n'est pas dans les gènes des habitants, elle n'est pas liée à l'environnement ou au climat ; elle n'a rien à voir avec la géographie

ou la composition géologique de notre région.
C'est l'accumulation de décennies d'ignorance
imposée. Cela aura commencé avec la colonisation et les mandats étrangers, puis se sera
poursuivi avec la construction de l'État-nation
après l'indépendance. De nombreux textes
soutiennent cette violence, religieuse ou parti-
sane, ou les deux. En effet, lorsque l'autoritarisme s'associe au religieux, cela peut donner
naissance à un « obscurantisme progressiste ».
Cette violence est née de l'absence d'un contrat
social pourtant nécessaire à toute construction,
et voulu par certains. Cette violence est née du
silence d'une partie de l'élite, qui voyait pourtant tomber tant de victimes, mais qui trouvait
toujours moyen de justifier cela par l'idéologie.
Une autre élite particulièrement pauvre aux
plans intellectuel et moral s'est mise à nous
parler de la « distinction qu'il serait nécessaire
d'opérer entre l'État et le pouvoir », ignorant
par là-même le b.a.-ba de la politique et la
définition de l'État représenté par le pouvoir,
cet ogre qui dévore justement l'État. Certains
défendront donc jusqu'à la mort des « pseudo-
institutions » bâties sur les ruines d'autres institutions. Penser en ces termes, c'est ignorer la
nature de la société dans laquelle nous vivons,
c'est voir cette société à travers le prisme étroit
d'une partie de l'élite.

Cette violence est présente dans toutes les

sociétés, mais elle est limitée par un contrat social clair et bien défini, par l'État de droit, ainsi que par des méthodes éducatives qui sont au fondement de la fraternité et de l'harmonie, loin de la haine et de l'envie. Mais voici que Daech et ses partisans ont compris comment l'éducation à la violence pouvait être à l'origine du pouvoir, d'un certain pouvoir. Avons-nous vraiment disposé d'une éducation civique qui incite à la citoyenneté et à l'appartenance à une patrie qui rassemble, au lieu d'une confession, d'une religion, d'une région ou d'un clan ? Les enseignants ont-ils osé, pendant des décennies, ouvrir le débat sur la philosophie, sans devoir invoquer le génie de nos « sages dirigeants » ? Avons-nous discuté de l'histoire de l'ensemble des Syriens sans discrimination, sans sélection et sans marginalisation ? Notre histoire n'a-t-elle pas été réduite aux accomplissements des dirigeants et à leurs victoires ? A-t-on eu un jour une approche de la religion en tant qu'élément fédérateur et éthique, et non pas comme une source de mobilisation discriminante ?

Cet ouvrage ne prétend pas répondre à toutes les questions posées ici au sujet de cette créature étrange. Il s'agit plutôt d'un outil péda-gogique utile et passionnant pour tous ceux qui cherchent à comprendre ces « événements complexes » comme certains se plaisent à les qualifier. Ce livre est également une dénonciation de ceux qui ne veulent pas comprendre, ou qui comprennent mais persistent à vouloir distordre la pensée des autres et à les empêcher de comprendre pour des raisons clientélistes et des liens avec tel ou tel régime ou entité. L'auteur revient aussi sur les actes terroristes dont la France a été victime, démontrant la naïveté (voire les mauvaises intentions) à l'origine de discours réactionnaires, que répètent à l'envi tous ceux qui penchent pour une reprise du dialogue avec des régimes pourtant responsables, au moins en partie de la naissance de ces groupes terroristes, au nom de la lutte contre le terrorisme.

Salam Kawakibi
Chercheur en sciences politiques,
directeur adjoint de l'Initiative
arabe de Réforme.

Avant-propos

Je n'ai pas peur…

Le lecteur pourra être surpris de ne pas découvrir dans les pages de ce livre le récit de ma captivité. J'aurais bien sûr pu commettre un livre classique d'ancien otage, narrant l'ennui, la peur, les douleurs de mes mois de privation de liberté. En réalité, pendant ces mois, plus encore que victime, je n'ai cessé d'être journaliste. J'ai observé, réfléchi, mis en perspective mes presque quinze ans d'expérience au Moyen-Orient pour analyser les événements qui secouent la région.

Une fois ma liberté retrouvée, je me suis vite retrouvé choqué. Non pas par l'atrocité de l'épreuve que j'avais traversée, mais par les erreurs commises par l'ensemble de la communauté internationale, qui avaient conduit ce Moyen-Orient que j'aime tant dans un drame aussi abyssal, mais aussi par le fait que ces erreurs se répétaient, encore et encore. Nous omettons de retenir les leçons de l'Histoire, même la plus immédiate. Alors l'Histoire se venge et se rappelle à nous.

En produisant un récit classique de victime du terrorisme, attirant l'attention du lecteur sur le calvaire enduré, j'aurais contredit mes propres thèses. Ce que j'ai traversé est un cauchemar. Mais ce cauchemar n'est rien comparé à l'ampleur du drame que vivent les populations de Syrie et d'Irak. Pire. Ce sont les grandes puissances qui ont produit sur place les conditions de réalisation de ce cauchemar et qui créent sur leur propre sol des fanatiques perdus qui partent, volontaires, se battre dans une guerre qui n'est pas la leur et dont ils ne saisissent pas les enjeux.

Le monde semble paralysé d'effroi par les gens qui m'ont pris en otage. Ces gens-là nous vendent une légende, veulent passer pour des superterroristes, une nouvelle génération surpuissante. Et cette légende, nous la leur achetons. Le monde croit tenir en eux l'incarnation du Mal, de la barbarie, veut en découdre, les combattre, et s'entraîne lui-même sur leur terrain. Mais moi, je n'ai pas peur. Je sais d'où ils viennent. Je sais quelles sont leurs faiblesses. Je sais surtout comment les déconstruire, en asséchant le terreau qui les a produits. C'est l'objet de ce livre.

Ce n'est pas sous le coup de la folie, par provocation ni par accident que le général américain David Petraeus a estimé que « L'État islamique n'est pas notre principal problème en

Irak[1]. » Et en Syrie non plus, pourrait-il ajouter, lui qui explique combien il est « profondément inquiet du délitement continu de la Syrie, qui constitue un véritable Tchernobyl géopolitique. Jusqu'à ce qu'il soit contenu, il va continuer de propager son instabilité radioactive et de l'idéologie extrémiste dans la région entière. »

Malgré tout, j'invite à relativiser le bilan de cette organisation. Non pas que je recherche un quelconque révisionnisme. Mais d'abord parce qu'en terme de terrorisme, ils n'ont rien produit de fondamentalement nouveau ni exception- nel. Et surtout parce que mettre en perspective leurs crimes permet à la fois de rendre justice aux victimes, sept fois plus nombreuses, du terrorisme d'État, et de rappeler que ces djiha- distes qui cherchent à nous effrayer ne sont au final qu'un symptôme, et pas une cause. Ils ne sont que la fièvre. La maladie est ailleurs.

La maladie, c'est la guerre au Moyen-Orient, résultat du sectarisme et de l'autoritarisme. Aussi longtemps que ces crises se poursuivront, nous devrons supporter une part (minime, somme toute, si on la met en relation avec le déchaînement de violence qui frappe la région) du risque terroriste. Et nous devrons aussi faire notre possible pour accueillir de notre mieux

---

1. Entretien avec Liz Sly, *The Washington Post*, 20 mars 2015.

ceux qui ont été chassés de chez eux et ont été jetés sur les chemins de l'exode.

La maladie, c'est aussi – chez nous – la propagation du populisme et le repli sur soi. Durant ma détention, un djihadiste européen m'avait dit : « Marine Le Pen, elle a raison. La France aux Français. Un musulman n'a rien à faire en France. » L'idée qui affleure derrière cette assertion est que la société française, libérale et démocratique, n'est pas adaptée à l'islam fantasmé des djihadistes.

Ne leur donnons pas raison. Ne donnons pas aux Français de culture musulmane l'impression qu'ils ne sont pas chez eux dans notre République. Le djihadisme et l'islamophobie sont les deux faces d'une même médaille. Ils se nourrissent l'un de l'autre.

Alors non. Je n'ai pas peur. Je n'ai pas peur mais je suis inquiet. Inquiet pour l'avenir d'un Moyen-Orient qui devra payer encore lourdement le prix de sa liberté. Inquiet pour le monde que je vais léguer à mes enfants. Alors que le terrorisme réussit à alimenter le populisme, que les crises du monde poussent les pays développés à de simples réactions sécuritaires, où les barrières et la surveillance remplacent l'effort de compréhension. D'où ce livre. Un livre de journaliste. Pour inviter toujours à la réflexion, à la critique, et fuir les clichés et les solutions trop faciles.

Introduction

Les collines de Raqqa, ses gorges desséchées et caillouteuses de la vallée de l'Euphrate, la Jézira, sont devenues célèbres un matin maudit d'août 2014. Un film sur Internet. Un fondu au noir qui révèle un otage en combinaison orange, un bourreau qui nargue et pointe son couteau. Un court sermon, ultime provocation, puis un dernier message de la victime à sa famille. Et un meurtre, un de plus, sous le soleil de Syrie.

La mise en scène macabre de l'exécution de James Foley a réussi au-delà des espérances de ses architectes. Elle a choqué l'Occident. Les grandes vacances étaient terminées. Obama tenait une réunion de crise. Cameron interrompait ses congés. Trois ans d'attente, d'inaction, de tergiversations et, soudain, la violence s'invite sur nos écrans, nous pousse à réagir. L'État islamique s'impose à notre agenda.

Et pourtant, cet État islamique, on l'avait vu

venir depuis son divorce plus ou moins amiable d'avec le Jabhat al-Nosra, franchise officielle d'al-Qaeda en Syrie. Une progression implacable sur fond de déchaînement de violence, de déchirement de l'opposition, d'accumulation de désespérances, de frustrations. On avait cru percevoir au printemps une pause dans sa progression, alors que les groupes armés en Syrie s'étaient engagés dans des luttes fratricides, mais le pourrissement de la situation en Irak lui avait donné un nouveau souffle. L'État islamique prenait Mossoul presque sans coup férir, puis instaurait un califat. Restaurait plutôt, puisque ce dernier a existé sans discontinuer dans l'histoire de l'islam jusqu'en 1924.

D'un coup, avec ce meurtre commis dans le désert syrien, c'est comme si nous prenions conscience du défi posé à la fois par la Syrie, l'Irak, et ce groupe qui se fait appeler État islamique[1]. Des morts, il y en avait déjà eu

---

1. L'État islamique (appelé jusqu'à juin 2014 État islamique en Irak et au Levant, ou EIIL, avant de se débarrasser de toute indication de territoire) est connu sous plusieurs appellations. Les Anglo-Saxons le désignent généralement sous les initiales « IS », « ISIS » ou « ISIL ». En France, comme au Moyen-Orient, il est souvent appelé Daech, qui est le déroulé de l'acronyme arabe, mais avec une consonance très péjorative. Un grand nombre de médias ont décidé de préfixer son nom de « groupe » afin d'insister sur le fait qu'il ne s'agit

par milliers, par centaines de milliers. Mais
celui-ci nous interpellait violemment. Il nous
concernait. Ce n'étaient plus des Syriens qui
s'entretuaient. Plus des Arabes. C'étaient des
nôtres, des Occidentaux. C'étaient, en pleine
guerre civile syrienne, un Américain venu du
New Hampshire, froidement assassiné par un
Britannique originaire de l'ouest londonien et
éduqué dans une école anglicane.

Depuis trois ans, si l'on ne tient compte
que de la crise syrienne, les dégâts sont considérables. Un demi-million de blessés graves.
Trois cent mille morts et autant de disparus,
des combattants ou des civils détenus, soumis à la torture, qui sans doute ne rentreront
jamais chez eux. Un tiers au moins des habi-
tations du pays a été endommagé. Près de la
moitié des Syriens ont dû quitter leur domicile.
Réfugiés ou déplacés, ils s'entassent dans des
camps précaires. Mais, plus grave encore, les
dégâts dans les esprits seront difficiles à répa-
rer. Comment imaginer recoller ensemble les
différentes composantes de la société syrienne

pas d'un réel État. Je considère que je n'ai pas à utiliser
d'autre nom que celui sous lequel il se désigne et préfère me concentrer dans ma critique sur ses actions et
son idéologie plutôt que de tomber dans l'anathème. Le
vocable « État islamique » sera utilisé dans ce livre, sauf
lorsque les personnes citées ou interviewées en ont utilisé
un autre.

après un tel déferlement de haine et d'exactions ?

La société irakienne, quant à elle, n'en peut plus d'être ballottée. En trente-cinq ans, elle a connu une guerre terrible contre l'Iran, une intervention internationale destructrice, suivie d'un embargo criminel, puis une nouvelle invasion et les affres d'une occupation mal terminée. Car, comme c'est la règle, lorsque l'envahisseur fait ses valises, il laisse derrière lui en souffrance les questions les plus brûlantes.

En 2011, le départ des dernières troupes américaines a paradoxalement ouvert une nouvelle période d'instabilité, sous la férule du très autoritaire et sectaire Premier ministre Nouri al-Maliki. Au point que, dans de larges pans d'Irak, l'occupation américaine a été remplacée par une occupation beaucoup plus sournoise – l'*auto-occupation*. L'occupation d'un pays par ses propres forces de sécurité. Curieux spectacle que ces soldats irakiens tenant des barrages sur les routes et dans les rues d'Irak en toisant de haut la population, singeant l'attitude des soldats américains auxquels ils ont succédé.

Discrimination, marginalisation, communautarisme. Voilà le cocktail qui a permis la flambée de l'État islamique. En Occident, il devient une opportunité pour des jeunes en crise d'identité, qui cherchent un moyen d'exprimer leur révolte due aux injustices et aux contradictions du monde. Dans la région Syrie-Irak, il se développe parmi des populations soumises à la violence, privées d'espoir. La défaillance de ces États a ainsi ouvert la voie à ce groupe en lui laissant un espace où prospérer.

En cela, les défis que pose cette crise sont originaux. Ils nous contraignent à une réponse globale. Une réaction qui ne serait basée que sur un travail de police, de justice, de renseignement, est vouée à l'échec. De même qu'une opération militaire, quels que soient les moyens que l'on puisse engager, sachant que l'intervention de troupes au sol, hormis le travail discret de forces spéciales, est exclue puisque personne n'en veut. Quand la frustration d'un jeune de nos banlieues rencontre la rage d'un habitant de la vallée de l'Euphrate persécuté par les forces de sécurité de son propre pays, on comprend bien que cela impose à tous les acteurs publics d'œuvrer ensemble. La diplomatie doit faire pression pour obtenir une transition politique dans les capitales concernées. L'humanitaire doit agir, car quel meilleur terreau pour l'extrémisme que le désespoir de populations entières ?

Certes, la tâche sera ardue. Car des puissances contradictoires se penchent sur la crise en Syrie et en Irak, dans l'espoir de renfor-

cer leurs positions. L'axe dessiné par Moscou
et Téhéran a le sentiment d'y jouer sa survie.
Moscou en particulier considère la défense
du régime de Bachar al-Assad comme une
priorité symbolique encore plus que stratégique, le considérant comme un moyen de
venger l'« humiliation » du démantèlement
de l'influence soviétique. Les monarchies
du Golfe y voient le moyen de contrecarrer
le « croissant chiite » tout en confortant les
penchants conservateurs du Printemps arabe.
La Turquie, après avoir dû faire le deuil de
son modèle de diplomatie de bon voisinage,
cherche désormais à étouffer les revendications
kurdes tout en contenant la poussée djihadiste,
sans comprendre que les pays de la région ne
regardent pas d'un meilleur œil son impéria-
lisme néo-ottoman. Et l'Occident, enfin, voit
comme souvent la crise surtout du point de
vue de la sécurité, obnubilé en particulier par
celle d'Israël ; il demeure empêtré dans ses
contradictions lorsqu'il doit évoquer les questions incontournables des droits de l'homme et
de la protection des civils.

*

Cette région du monde est le berceau de
notre civilisation. C'est dans les vallées irri-
guées par le Tigre et l'Euphrate qu'ont été

inventés l'écriture et ses premiers usages : la littérature, le calcul, le droit, le commerce… C'est ici qu'ont été posées les bases de la médecine, de la philosophie. Ici même que, devant s'associer pour dompter la nature, les hommes ont appris à vivre en société et ont inventé les bases de l'État et de l'administration.

Pendant mes mois de captivité dans les caves de l'État islamique, j'ai plusieurs fois revisité mentalement le musée berlinois de Pergame. Les yeux fermés, je me remémorais la porte d'Ishtar, les fragments de l'*Épopée de Gilgamesh*, les tablettes et petits rouleaux qui servaient de support aux traces d'écriture les plus anciennes que nous ayons conservées. Et cette splendide chambre d'Alep ! Je me souvenais aussi de ma visite, deux ans plus tôt, de la ziggourat d'Ur, dans le Sud irakien, ou de mon reportage dans la maison d'Abraham, maladroitement reconstruite par Saddam Hussein. J'étais constamment habité par ces souvenirs des cultures sumériennes, hittites, babyloniennes, assyriennes, mais aussi des califats abbassides et omeyyades, autrement plus éclairés que celui du sinistre Ibrahim. Quel décalage violent entre l'obscénité de ce que je vivais et la richesse de la page écrite par ces civilisations dans notre histoire commune.

Mais ce que les djihadistes ont oublié, ce

que même les dirigeants de ces pays qui sac-
cagent allègrement leur patrimoine ont oublié,
gardons-le bien à l'esprit : Irak et Syrie sont
le berceau de notre civilisation. Ce sont nos
racines qui, avec ce conflit, sont en train de se
détruire.

Si ce monde s'effondre, le nôtre est menacé.

1

Le marketing de la laïcité

*Le régime syrien n'est pas laïc. Il s'est construit
sur le communautarisme. Sa prétendue défense
des minorités est un mythe.*

La Syrie est tenue depuis plus de quatre
décennies par un régime autoritaire, avec à sa
tête un parti nommé Baath (« Renaissance »),
dont la devise « Unité, liberté, socialisme » est
prometteuse. Porté sur les fonts baptismaux au
sortir de la Seconde Guerre mondiale par un
sunnite, Salah al-Din al-Bitar, un alaouite, Zaki
al-Arzouzi, et un chrétien, Michel Aflak, ce
mouvement qui se veut panarabe, révolutionnaire, né dans un contexte de décolonisation
douloureuse et de débats sur le non-alignement
du Sud en pleine guerre froide, aurait pu
conduire la Syrie sur la voie de la prospérité
pour tous ses habitants, avec ses objectifs affi-
chés d'autosuffisance économique, de priorité donnée à l'éducation, d'émancipation des

femmes, et son opposition assumée à l'islam
politique.

C'était en fait sans compter sur la personnalité de Hafez al-Assad, auteur d'un coup d'État
en 1970. Ce dernier va installer à la tête du
pays un système de commandement et d'allégeance pyramidal : au sommet, le président et sa
famille ; en dessous, son clan ; au rang inférieur,
sa communauté, les alaouites, considérés depuis
la colonisation comme une branche du chiisme ;
et, tout en bas, le reste de la population.

Aujourd'hui confronté à une insurrection
menée par la majorité, ce régime met en avant
sa laïcité et s'érige en seul défenseur des minorités. Un positionnement qu'il répète comme
un slogan publicitaire. « La chute du régime
syrien signifierait l'élimination des minorités
de la région », avançait le 23 mai 2011 l'un de
ses chantres, le député franco-libanais Nabil
Nicolas sur la chaîne du Hezbollah, al-Manar.
L'égérie de la communication du régime, Bou-
thaïna Chaabane, cherchait même à vendre
l'idée d'un complot contre la laïcité dans le
monde arabe. Estimant qu'il y avait encore
trois pays laïcs dans la région, le Soudan,
l'Irak et la Syrie, elle regrettait l'éclatement du
premier depuis l'indépendance du Sud, l'invasion du deuxième et l'agression contre le troisième. « Les États occidentaux et leurs alliés
régionaux cherchent à détruire le régime laïc

en Syrie[1] », s'indignait-elle. Une propagande qui, de l'extrême gauche altermondialiste à l'extrême droite identitaire, rencontre un écho certain, créant de fait une coalition nauséabonde d'antisémites et d'islamophobes. Le site Internet Riposte laïque, proche de l'extrême droite, fut ainsi heureux de publier les élucubrations d'un Hamdane Ammar, qui prétend que « les Américains veulent à tout prix redessiner la carte géostratégique de toute la région. Après avoir livré l'Irak aux chiites, ils tentent aujourd'hui de faire basculer la Syrie aux mains des sunnites, c'est un jeu dangereux auquel ils se livrent[2]. »

Cette marchandisation de l'image d'un régime défenseur des chrétiens est soigneusement orchestrée. Pas une visite d'académiciens, de parlementaires, de lobbyistes occidentaux, pas un reportage non plus qui ne soit opportunément orienté vers les milieux chrétiens, avec toujours les mêmes interlocuteurs, idiots utiles du régime, clergé nommé par le gouvernement de cet État qui se prétend par ailleurs laïc.

De fait, dès l'arrivée au pouvoir du parti Baath, les relations se crispèrent avec la majo-

---

1. Citée par l'agence russe RIA Novosti, 19 juin 2012.
2. http://ripostelaique.com/que-se-passe-t-il-reellement-en-syrie.html

rité sunnite. Rapidement, les Frères musulmans, qui étaient l'une des seules forces à pouvoir prétendre incarner une quelconque opposition, se retrouvèrent visés par le pouvoir. Le mouvement fut interdit en 1964. Grèves et manifestations furent réprimées par l'armée les années suivantes. Mais l'arrivée au pouvoir de Hafez al-Assad en 1970, et surtout l'invasion syrienne du Liban en 1976, mirent le feu aux poudres. La confrontation connut une escalade, faite d'attentats et d'assassinats d'une part, d'arrestations et de torture de l'autre, jusqu'à ce qu'une excroissance sectaire de la confrérie lance une attaque contre l'école d'artillerie d'Alep en 1979. Quatre-vingt-trois cadets, tous alaouites, furent assassinés. La vengeance du régime fut terrible. Une véritable guerre civile s'ensuivit, largement méconnue, car pratiquement aucun média ne put la couvrir. Elle se conclut par l'écrasement, en 1982, de la ville de Hama. Plusieurs dizaines de milliers de personnes furent tuées. Des milliers furent déportées dans la prison de Palmyre, au cœur du désert oriental, transformée de facto en camp d'extermination. Avec ce massacre, qui ne souleva guère de protestations internationales, le régime s'acheta au prix fort trois décennies de paix civile relative. On notera avec intérêt que le régime décida d'envoyer en première ligne un certain nombre d'officiers

chrétiens écraser Hama. Une façon machia-
vélique de sceller avec cette communauté un
pacte de sang. Le message était clair : si un jour
ces gens-là se trouvent en position de prendre
leur revanche, ils se vengeront sur vous autant
que sur nous. Votre sort dépend désormais de
la survie de notre régime.

L'arrivée au pouvoir de Bachar al-Assad,
après la mort de son père en 2000, offrit
l'espoir d'une ouverture du régime, d'une
évolution vers plus de laïcité, fondée sur la
tolérance religieuse. Les relations avec l'opposition s'améliorèrent grandement. Beaucoup
de prisonniers de la confrérie furent relâchés
et la direction des Frères musulmans, depuis
son exil londonien, annonça un changement
de politique, rejetant la violence et appelant à
un État moderne et démocratique. On assista
à une double ouverture, politique et économique. Des forums de discussions virent même
le jour. Cette période dite du « Printemps de
Damas » a suscité de grands espoirs. Mais,
après ce Printemps arabe avant l'heure, la
déception ne tarda pas. Le régime eut vite fait
de retomber dans ses travers sécuritaires. La
plupart des meneurs de ce renouveau, intellectuels, avocats ou députés frondeurs, furent
arrêtés et emprisonnés. Le régime montra son
incapacité intrinsèque à se réformer.

Ayman Abdel-Nour, opposant et journaliste syrien, ancien baathiste, connaît bien Bachar. Ils étaient proches sur les bancs de l'université et sont restés bons amis : il l'a accompagné pendant ses premières années de jeune président. C'est donc en critique particulièrement autorisé qu'il a lancé le site All4Syria, qui est devenu l'une des principales sources d'information indépendante sur la Syrie. Mais ses relations avec le palais se gâtent à tel point qu'il doit, en 2007, choisir l'exil et se réfugier dans le Golfe. Dans une interview publiée par *Souriya ala toul*, il décrit l'imposture de la laïcité assadienne : « Depuis le premier jour, le régime a joué sur la corde confessionnelle, avant même qu'il y ait la moindre dimension islamique, le moindre slogan islamique ou le moindre mouvement islamique [...]. Il est parvenu à terroriser les chrétiens vivant en Syrie et à l'extérieur [...]. Le régime s'est évertué à diviser les confessions sur tous les plans. Il s'est employé à réduire leur poids en donnant une importance artificielle à d'autres, des gens créés par ses soins qui lui étaient donc liés et redevables[1]. » Ayman Abdel-Nour est lui-même chrétien.

La façon dont le régime syrien a construit un système de survie en mettant en scène, derrière

---

1. Repris par All4Syria, 13 octobre 2013.

une laïcité de façade, un communautarisme basé sur les *assabiyat* a été remarquablement décrite par Michel Seurat, fin observateur de ce qu'il a qualifié d'*État de barbarie*[1]. Une dénonciation qui lui a coûté la vie, puisque Damas avait expressément demandé à ses ravisseurs du Hezbollah qu'il ne sorte pas vivant de captivité. Beaucoup plus récemment, le chercheur Zakaria Taha, s'intéressant aussi à Assad junior, a essayé dans sa thèse de doctorat de « comprendre comment ces régimes réussissent à se donner l'image d'un pouvoir laïque tout en manipulant les communautés et en instrumentalisant la laïcité afin de légitimer et de pérenniser leur pouvoir sous prétexte d'être en butte aux divisions communautaires et d'œuvrer pour l'unité nationale[2] ».

Tout est affaire de marketing, de présentation. Car, dans les faits, cette laïcité à la syrienne « tend à devenir une source de justification ou d'inspiration pour la censure des consciences, l'intolérance idéologique, voire le rejet du principe démocratique[3]... », rappelle

---

1. Michel Seurat, *Syrie, l'État de barbarie*, PUF, 2012 (réédition).
2. Zakaria Taha, *La Problématique de la laïcité à travers l'expérience du Parti Baath en Syrie*, EHESS, 2012.
3. Burhan Ghalioun, *Islam et politique, la modernité trahie*, La Découverte, 1997.

le sociologue Burhan Ghalioun. « La carte de la laïcité, conclut Zakaria Taha, reste la seule carte à jouer par le régime qui se présente, envers les minorités, comme le rempart à tout conflit[1]. »

« Le régime utilise la laïcité comme un instrument, comme quelque chose qu'il peut vendre à l'Occident, confirme l'intellectuel de Raqqa Yassin al-Haj Saleh, militant communiste de la première heure. Je crois qu'il a donné beaucoup d'argent à des sociétés de relations publiques pour vendre sa modernité présumée, notamment autour de l'image d'Asma, cette première dame qui est belle et fut éduquée en Grande-Bretagne. Mais, au final, nous avons deux types de fascistes : des fascistes en cravate au gouvernement, et en face des fascistes avec une longue barbe. Mais notre lutte ne doit pas se limiter à prendre position entre ces deux fascismes[2]. »

Car la réalité, c'est que le régime alimente les peurs communautaires. N'a-t-il pas prétendu, au déclenchement de la révolution, que les manifestants scandaient : « Les chrétiens à Beyrouth, les alaouites au tombeau ! » ?

Je n'ai personnellement trouvé nulle part la confirmation que ces mots ont réellement été

---

1. Zakaria Taha, *La Problématique de la laïcité à travers l'expérience du Parti Baath en Syrie*, op. cit.

2. Entretien avec l'auteur.

prononcés. Mais cette menace a été crue par beaucoup et elle a contribué, dès le début du soulèvement, à la crispation communautaire. Très tôt aussi, le régime a procédé à des distributions d'armes, notamment dans des villages alaouites de la côte ou des faubourgs druzes de Damas, accompagnant les livraisons de messages alarmistes de menaces inventées de toutes pièces en provenance des villages sunnites voisins. Mais ce machiavélisme ne surprend pas Yassin al-Haj Saleh, qui décrit dans un article glaçant intitulé « L'industrie du meurtre en Syrie[1] » les ressorts utilisés par Assad pour ériger un mur de la peur, de la double peur, celle du système de répression du régime et celle de l'autre, le concitoyen. « Avant le déclenchement de la révolution, nous savions que le régime dépendait de deux systèmes stratégiques de type orwellien : le complexe de la peur, dont la fonction est d'interdire que les choses soient nommées par leur nom, et le complexe du mensonge, dont la fonction est d'appeler les choses par d'autres noms que les leurs, les deux garantissant que les Syriens soient coupés de leurs conditions de vie réelles, qu'ils ne puissent ni les nommer, ni les maîtriser. »

« Depuis le début, le régime s'est concentré

---

1. Publié en français par *L'Express*, 14 mars 2014.

sur le soutien des minorités. Il leur a donné les postes les plus élevés dans l'armée, dans les renseignements, sachant qu'il faut faire la différence en Syrie entre la position et le pouvoir effectif », explique Ayman Abdel-Nour, fondateur de All4Syria[1]. Son site Internet donne précisément la parole à de nombreux représentants des minorités syriennes afin de démonter cette narration du régime.

Ainsi, lorsque Bachar al-Assad ose prétendre sur la chaîne Russia Today que son régime est « la dernière forteresse de la laïcité » au Moyen-Orient, le journaliste druze Maher Charafeddin lui répond en l'apostrophant sur ce site Internet. Une liste de questions qui sont autant de griefs[2] :

« 1/ Pourquoi la défection d'un citoyen alaouite ordinaire ébranle-t-elle les bases de ton régime plus que celle d'un officier de haut rang, un général par exemple, de toutes les autres confessions ?

2/ Pourquoi le Hezbollah et l'Armée du Mehdi volent-ils au secours de ton régime laïc, alors qu'ils font partie des organisations les plus hostiles à la laïcité ?

---

1. Entretien avec l'auteur.
2. Traduit en français sur http://syrie.blog.lemonde.fr/2012/11/11/de-la-pretendue-laicite-du-regime-syrien/

3/ Pourquoi la défection du Premier ministre [Riyad Hijab] n'a-t-elle pas provoqué la moindre émotion à la tête de ton régime, alors qu'ailleurs un tel événement aurait peut-être abouti à son écroulement ?

4/ Pourquoi a-t-on matériellement dédommagé avec une extrême rapidité les victimes de l'explosion du quartier alaouite de Mazzeh 86, alors que les autres quartiers victimes d'attentats ne l'ont toujours pas été jusqu'à aujourd'hui ?

5/ Pourquoi ton régime laïc enlève-t-il l'opposant (alaouite) Abdel-Aziz Al Khayyer, alors que ses revendications sont si modestes que des opposants syriens, au Caire, l'ont jadis bombardé avec des œufs ?

6/ Pourquoi les médias de ton régime ont-ils mené une campagne de rumeurs aussi massive et concertée contre la comédienne (alaouite) Fadwa Souleyman, alors que celle-ci n'est qu'une artiste pacifique et qu'elle serait tout à fait incapable, au cas où elle le voudrait, de manier une arme ?

7/ Pourquoi as-tu désigné un ministre de la Défense chrétien après le déclenchement de la révolution, et as-tu discrètement fait savoir à tes médias à quelle communauté il appartenait ?

8/ Pourquoi les médias de ton régime laïc se concentrent-ils davantage sur les attentats qui se produisent dans les régions peuplées de « minorités » que sur ceux qui frappent les autres zones ?

9/ Pourquoi ton régime n'a-t-il tué aucun manifestant à Soueïda et Salamiyeh, places fortes des druzes et des ismaéliens, et s'y est-il limité à effrayer les opposants et à emprisonner certains d'entre eux, alors que des tirs à balles réelles décimaient ailleurs les manifestants ?

10/ Pourquoi les seuls quartiers ayant échappé à la destruction, à Homs, sont ceux dans lesquels habitent des gens de ta confession ?

11/ Pourquoi le régime de Nouri al-Maliki, qui affirme qu'il est "chiite avant d'être irakien", est-il devenu un allié essentiel de ton régime laïc ?

12/ Pourquoi 99,99 % de ceux que ton armée laïque a tués étaient-ils des sunnites ?

Tu peux, si tu veux, considérer ces questions comme un test de laïcité et d'intelligence. »

Fin connaisseur de l'islam syrien, Thomas Pierret, maître de conférences à l'université d'Édimbourg, s'étonne pour sa part que le régime fasse en réalité si peu cas de sa laïcité. Assad lui-même n'utilise le terme que de façon exceptionnelle : lors d'une interview à Charlie Rose, de la chaîne américaine PBS, il indiquait que son grand défi était de « garder la société aussi séculière qu'elle l'est aujourd'hui ». L'agi-

lité du raïs, c'est de laisser le soin de parler
de laïcité à ceux qu'il considère comme des
« fusibles vulnérables et dépourvus de crédibilité », comme le grand mufti Ahmad Hassoun.
Le chercheur s'est intéressé à la « mise en scène
de la *non-laïcité* du régime. En novembre 2011,
par exemple, recevant des membres du Ras-
semblement des oulémas au Liban (une organisation pro-iranienne), Assad se repentait
ouvertement de ses politiques antireligieuses du
passé et soulignait la récente ouverture d'une
télévision satellitaire islamique par le gouvernement, Nur al-Sham. » Et de conclure, que
« si le régime est "laïc", c'est plutôt de manière
négative, en maniant les références religieuses
avec une extrême parcimonie en comparaison
avec les autres régimes de la région[1] ».

Le nombre des victimes constitue un révé-
lateur ultime des mensonges du régime sur
sa prétendue « protection des minorités ».
Les clichés exfiltrés par un certain « César[2] »
constituent l'une des meilleures sources dont
nous disposons pour recenser ces crimes.
Employé de la police militaire à Damas, cet

---

1. Entretien avec l'auteur.
2. Il faut lire l'ouvrage édifiant de Garance Le Caisne
Opération César (Stock, 2015) qui raconte cette exfiltra-
tion.

homme, qui protège sa véritable identité, était chargé, avant même le début de la révolution, de prendre en photo les victimes de meurtre et d'accident dans lesquels du personnel de la Défense était impliqué. Il a donc, pendant des années, été confronté à l'ensemble des détenus tués au cours de la répression, dans les deux hôpitaux militaires de Damas, celui de Tichrin et celui de Mezzeh. Les corps qu'il a photographiés provenaient de 24 centres des services de sécurité du gouvernorat de Damas, révélant pratiquement tous des traces de torture.

Plus de deux ans après le début de la révolution, il a réussi à faire sortir 55 000 clichés, documentant précisément le sort de près de 11 000 victimes. Or, ceux-là prouvent, par des détails troublants, que le régime s'attaquait aux minorités. De nombreux chrétiens étaient notamment identifiables par leur absence de circoncision et leur tatouage en forme de croix. Certains portaient des marques religieuses indiquant qu'ils étaient chiites, et d'autres avaient même le nom ou le visage de Bachar al-Assad dessiné sur le corps.

Propager la terreur dans toutes les communautés, parmi toutes les strates de la société, permet de maintenir le mur de la peur qui a cimenté le régime depuis sa création. Je me souviens de révolutionnaires alaouites et chrétiens, rencontrés à Lattaquié dans les tout premiers temps de la rébellion. « Malheur à nous si les *moukhabarat*, les redoutables services de renseignements, nous attrapent, m'avaient-ils confié. Car ils s'acharnent en particulier sur les gens comme nous, parce qu'ils nous considèrent comme des traîtres à notre communauté ! »

Voilà pour ce qui est de la laïcité à la syrienne… Les révolutionnaires de la première heure étaient bien conscients du piège que leur tendait le régime, eux qui votaient chaque semaine sur Internet pour nommer les manifestations du vendredi, dédiées chaque fois à un thème nouveau. On avait ainsi eu le « vendredi de la dignité », celui « des martyrs » ou celui « des femmes libres ». Ils avaient décidé d'appeler « vendredi saint » la journée d'action de la semaine pascale.

Le régime syrien cherche en réalité à imposer une forme de *dhimmitude* politique à ses minorités. En terre d'islam, traditionnellement, le *dhimmi* est un non-croyant auquel l'État musulman assure sa protection en échange d'une taxe spécifique. Dans la Syrie des Assad, les minoritaires sont priés de se taire, de se soumettre politiquement, afin de préserver leur sécurité. Comme le décrit Ayman Abdel-Nour, « le régime a toujours entretenu avec les chrétiens une relation stable. Elle s'apparente à une sorte de troc. En échange de leur renoncement à leurs droits politiques et économiques, les membres du clergé bénéficient de l'intégralité de leurs droits religieux[1] ». Le journaliste, lui-même chrétien, considère que « le clergé chrétien syrien a été littéralement acheté par le régime. Les églises reçoivent eau et électricité gratuitement. Le clergé est dispensé de service militaire. Il a droit à des voitures hors taxes, mais doit obtenir une signature du président pour cela. Donc les prêtres et les évêques doivent défiler au palais pour obtenir le droit de rouler dans de belles voitures – et ils s'empressent de le faire !

À chaque événement, il y a sur la photo, autour du représentant du gouvernement, un représentant de chaque culte. Le régime a organisé la compétition pour que les représentants des différentes Églises chrétiennes se battent entre eux pour être celui qui aura le privilège d'être sur la photo. Et puis, il y a eu de la corruption directe, avec des versements en espèces. Je n'ai aucun respect pour le clergé en Syrie ! »

---

1. Entretien avec l'auteur.

2

La genèse des djihadistes

Le régime syrien a engendré l'État islamique.
Il ne le combat pas.
L'État islamique ne combat pas le régime syrien.

Le régime de Damas n'est pas à une contradiction près lorsqu'il s'agit de sa survie. Sur le plan intérieur, il réprime farouchement les Frères musulmans. Mais c'est pour mieux les déborder lorsqu'il s'agit de soutenir les mouvements islamistes dans les pays voisins : Hamas dans les territoires palestiniens (qui n'était lui-même pas à une contradiction près lorsqu'il était le protégé d'Assad), et Hezbollah au Liban. Et, surtout, la Syrie a soutenu et clairement manipulé deux mouvements salafistes djihadistes : les volontaires qui se rendaient en Irak pour combattre la présence militaire américaine, au moins durant les premières années de l'occupation, puis le Fath al-Islam au Liban. Saddam Hussein, voyant l'invasion arriver, avait appelé durant l'hiver 2002-2003 tous les musulmans qui le souhaitaient à venir se battre pour défendre l'Irak et particulièrement en découdre avec les Américains. Ils furent plusieurs centaines à répondre à cette invitation et à affluer, principalement à Bagdad, défiant au passage toute logique. L'Irak de Saddam, baathiste, se prétendait également laïc, même si sa laïcité de façade dissimulait un communautarisme assez équivalent à celui développé en Syrie. Et Assad, dont le désir de perturber les plans des Américains était encore plus fort que sa détestation de Saddam, décida de laisser passer les combattants sur son sol.

Ce flux de djihadistes, le premier dans la zone syro-irakienne, se poursuivit et s'accrut après l'invasion de mars et avril 2003. Il a dessiné sur la carte une « autoroute du djihad », qui se confond sans surprise avec les contours de la zone d'influence actuelle de l'État islamique.

J'ai rencontré plusieurs de ces djihadistes alors que j'étais basé à Bagdad comme correspondant, entre 2002 et 2004. J'ai ensuite pu revoir des vétérans de cette insurrection tandis que je couvrais la révolution syrienne. Ils évoquent tous sensiblement le même parcours. Le point de ralliement était en général une maison d'hôtes rattachée à une mosquée d'Alep. De là, ils partaient en bus le long de la vallée de l'Euphrate, passaient par Raqqa et Deir ez-Zor, descendaient à côté d'al-Boukamal. Là, des passeurs les prenaient en charge et leur faisaient franchir sans grande difficulté la frontière irakienne. Ils transitaient ensuite par al-Qaïm, Haditha, puis descendaient jusqu'à Fallouja. Beaucoup s'arrêtaient dans la province occidentale d'al-Anbar. Ceux qui poursuivaient jusqu'à Bagdad étaient en général hébergés aux environs d'Abou Ghraib ou dans le quartier d'Amariyah.

L'un des organisateurs de cette autoroute du djihad était le cheikh Mahmoud Abou Qaaqaa, un jeune imam d'Alep connu pour ses sermons enflammés appelant à prendre les armes contre l'envahisseur américain. Des sermons professés en public, mais aussi enregistrés sur des cassettes et des CD qu'on retrouvait dans les bagages de nombreux djihadistes. Le cheikh appelait également à l'établissement en Syrie d'un régime islamique régi par la charia. Les observateurs de la vie politique alépine regardaient avec curiosité ce cheikh évoluer, au vu et au su de tous, hébergeant chez lui des moudjahidines en partance pour l'Irak. Tout cela sans réaction de la part des autorités, alors que les services de renseignements syriens sont d'habitude très prompts à repérer et à punir tout ce qu'ils considèrent comme un discours déviant.

Il fallut quelque temps pour comprendre la raison de cette tolérance : parmi les jeunes recrues d'Abou Qaaqaa, un certain nombre n'atteignait jamais l'Irak. En tout cas, aucune n'en revenait. L'imam aux discours exaltés était en fait ce que les services de renseignements appellent un « pot de miel », un vulgaire appât, chargé de repérer et de canaliser les candidats au djihad pour les signaler. Ils partaient en Irak marqués à la culotte. Certains passaient, d'autres mouraient éventuellement sur place. L'important était qu'ils soient éliminés et ne reviennent jamais. Et tant pis si, au passage, quelques faibles d'esprit étaient poussés à franchir la ligne rouge du crime. Le religieux a finalement été abattu en pleine rue alors qu'il sortait de la prière du vendredi. Élimination de la preuve par les *moukhabarat*, alors que le piège commençait à être éventé, ou vengeance de la part d'un djihadiste pour lui faire payer son double jeu ? Je ne connais personne qui puisse répondre à cette question. Mais il est troublant de relire, à la lumière des événements récents, cette phrase issue d'une interview accordée par Abou Qaaqaa à un journaliste américain, un an avant son assassinat : « Oui, j'aimerais voir un *État islamique* en Syrie et c'est ce à quoi nous travaillons. Nous appelons à l'unité et à la compréhension, et le gouvernement est partie prenante. Nous appelons le gouvernement et travaillons avec lui à coopérer ensemble dans ce but[1]. » La mission d'Abou Qaaqaa était d'identifier des djihadistes potentiels, éventuellement confirmer leurs penchants violents, puis il les désignait. Le régime faisait coup double : il se débarrassait de jeunes prompts à devenir violents pour les empêcher d'agir en Syrie, et il les utilisait pour servir sa politique de déstabilisation du voisin irakien. On trouve ce genre de raisonnement, aussi immoral qu'inefficace d'un point de vue sécuritaire, chez un certain nombre de nos compatriotes, qui se réjouissent du départ de jeunes Français au djihad, accompagnant leur *hijra*[2] d'un nauséabond « bon débarras ! ».

Au Liban, c'est par l'intermédiaire de Fath al-Islam que le régime syrien a soutenu les djihadistes. Il s'agissait d'un groupe en particulier présent dans le camp de réfugiés de Nahr al-Bared, dans la région de Tripoli, dans le nord du pays. C'est là qu'il a provoqué des combats contre l'armée libanaise dans le courant de l'été 2007, combats qui avaient mis le camp à feu et à sang et provoqué la mort de plus de 200 personnes, dont 134 soldats libanais. L'objectif ?

---

1. http://now.mmedia.me/lb/en/commentaryanalysis/death_of_a_cleric
2. Émigration en terre d'islam. C'est le terme qui désigne en particulier le départ en terre de djihad.

« Entretenir le chaos au Liban sous le gouvernement Siniora, perçu comme une source de déstabilisation du régime syrien, et frapper le Courant du Futur en son point faible, c'est-à-dire la base sunnite radicale, explique l'islamologue Thomas Pierret. Contrairement au Hezbollah, parti révolutionnaire qui a réussi à mobiliser et à intégrer la communauté sunnite, unissant bourgeoisie pieuse et jeunesse pauvre – pour reprendre les termes de Gilles Kepel –, le Courant du Futur est un parti de notables qui ne maintient, à grand-peine, la loyauté de la base sunnite pauvre que par le clientélisme. En encourageant l'émergence d'un mouvement sunnite radical ouvertement hostile aux options pro-occidentales du Futur (tout en étant étrangement muet sur ses ennemis, à savoir le Hezbollah, l'Iran et la Syrie), Damas obligeait le gouvernement Siniora à mener la guerre à une partie de sa base populaire théorique. À l'époque, le discours du Hezbollah sur Fath al-Islam n'avait rien à voir avec son actuelle rhétorique anti "takfiriste". Le Hezbollah se régalait de voir ses adversaires en difficulté, qualifiant l'entrée de l'armée dans un camp palestinien de "ligne rouge" et s'abstenant de qualifier les victimes de l'armée de "martyrs", comme le faisaient les autres médias libanais[1]. »

---

1. Entretien avec l'auteur.

Très tôt après le déclenchement de la révolution, alors qu'elle commençait lentement à prendre les armes et qu'il apparaissait pour le régime qu'il ne s'agissait pas d'un phénomène passager mais d'une crise profonde susceptible de provoquer sa chute, Damas commença à organiser une prise en tenaille des démocrates, en favorisant les radicaux. « Dès le début de la révolution, j'ai été invité à prononcer un discours aux funérailles d'un martyr, se remémore l'ancien député et opposant Riad Seïf. J'ai mis en garde contre deux pièges qu'Assad allait nous tendre : le recours aux armes, et la guerre confessionnelle. Et encore, je n'avais pas vu venir l'arme al-Qaeda[1] ! »

Le procédé est classique et rejoint un schéma déjà vu. Les Russes ont favorisé l'émergence des islamistes au sein de la guérilla tchétchène pour provoquer son éclatement. Les Israéliens ont longtemps laissé le Hamas prospérer dans l'espoir d'affaiblir l'OLP (Organisation de libération de la Palestine). Même Hafez al-Assad avait débordé les islamistes par leur droite, permettant aux salafistes quiétistes, extrêmement conservateurs mais non djihadistes, de se développer, afin de contrecarrer l'influence des Frères musulmans.

---

1. Entretien avec l'auteur.

À partir de l'été 2011, on commence à voir des détenus arrêtés pour leur participation supposée au djihad relâchés des prisons syriennes. Leur chiffre dépasserait le millier, et une bonne part de l'état-major actuel des groupes islamistes les plus durs aurait bénéficié de cette mesure d'amnistie. Abou Mohammed al-Jolani, l'émir de Jabhat al-Nosra, franchise officielle d'al-Qaeda et précurseur de l'État islamique, aurait fait partie de ces prisonniers libérés. Aaron Lund, directeur du site Internet Syria in Crisis, considère ainsi que « le régime s'y est bien pris pour faire de la révolution une révolution islamiste. Les libérations de la prison de Sednaya (à 50 kilomètres au nord de Damas), qui est l'une des principales prisons politiques du centre du pays, en sont un bon exemple. Assad leur a offert une remise de peine qu'il a présentée comme faisant partie d'une amnistie générale. Mais il a en fait été bien au-delà. Il n'y a pas de générosité fortuite de la part de ce régime[1] ».

Au mois de janvier 2014, un ancien membre de la Direction du renseignement militaire, l'un des nombreux services syriens de renseigne-

---

1. Ruth Sherlock, « Syria's Assad accused of boosting al-Qaeda with secret oil deals », *The Telegraph*, 20 janvier 2014.

ments, a accordé une interview fracassante[1]. Cet informateur, qui a déserté après douze ans de service dans l'appareil de renseignement, révèle que « le régime n'a pas seulement ouvert les portes des prisons à ces extrémistes. Il leur a facilité la tâche en les aidant à créer des brigades armées ».

Ce programme de libérations a été supervisé par le Directorat de la sécurité générale et a duré quatre mois, jusqu'en octobre 2011. La sélection des prisonniers a été faite soigneusement. Ceux dont l'engagement en faveur des droits de l'homme et de la démocratie était connu sont restés croupir en prison. Ceux qui présentaient un profil radical ont été libérés. L'un des plus célèbres est Zahran Alouch, qui, sitôt libéré, a fondé le groupe le plus puissant de la région de Damas (Jaysh al-Islam) et s'illustre par son discours violemment anti-chiite.

« Le régime voulait raconter au monde qu'il combattait al-Qaeda, mais en fait la révolution était pacifique au début, alors il a dû fabriquer la légende d'une rébellion islamiste armée, poursuit cet ancien agent cité par *The Telegraph*. Il y avait de fortes tendances islamiques dans le soulèvement, donc ce n'était pas diffi-

---

1. Phil Sands, « Assad regime set free extremists from prison to fire up trouble during peaceful uprising », *The National*, 22 janvier 2014.

cile de juste les encourager [...]. Vous relâchez juste quelques personnes, et vous créez de la violence. Elle se propagera de façon contagieuse. »

Le major général Fayez Dwairi, officier de l'armée jordanienne en charge de la lutte contre la propagation du djihadisme dans le royaume hachémite, confirme cette version : « Beaucoup des gens qui ont créé le Jabhat al-Nosra ont été capturés par le régime en 2008 et étaient en prison depuis lors. Lorsque la révolution a démarré, ils ont été relâchés sur ordre d'officiers du renseignement syrien, qui avaient assuré à Assad : ils feront du bon travail pour nous. Il y a certes beaucoup d'inconvénients à les laisser sortir, mais il y a encore plus d'avantages, parce qu'ils vont convaincre le monde que nous sommes en lutte contre le terrorisme islamiste[1]. » À cela s'ajoute le fait que, comme le rappelle entre autres l'universitaire américain Joshua Landis, les groupes djihadistes syriens, notamment l'État islamique, sont infiltrés par les services de renseignements du régime. Et de rappeler cet aveu d'Abdullah Abou Moussab al-Souri, assistant d'Omar al-Chichani : « Bien sûr, l'État islamique a été largement infiltré par le régime syrien et cela

---

1. Ruth Sherlock, « Syria's Assad accused of boosting al-Qaeda with secret oil deals », *op. cit.*

a conduit à affaiblir sa position et a mis en danger sa sécurité[1]. »

Pour Damas, le bénéfice politique est évident. Il permet d'infléchir le discours généralement accepté par les médias occidentaux. Il ne s'agit plus d'une révolution légitime, mais d'une guerre contre le terrorisme, ennemi de l'intérieur fanatique et sectaire. Dans le pire des cas, le jour où la Syrie sera sur le point de s'effondrer, il sera toujours possible de défendre à la face du monde la « théorie du moindre mal », qui voudrait que le régime soit moins grave que l'État islamique. Les Assad ont toujours manipulé le « moi ou le chaos » avec une grande force de persuasion. L'épouvantail est d'une efficacité redoutable.

C'est pour cela que le régime ne va jamais frapper directement les djihadistes, mais concentrer ses opérations militaires sur ceux qui incarnent le plus grand danger à son égard, c'est-à-dire ceux qui peuvent légitimement prétendre représenter une alternative politique : les modérés. Les bataillons de l'armée libre et les brigades islamistes démocratiques ont bien souvent été seuls en première ligne contre l'armée syrienne. Pire, ils se sont souvent retrouvés pris entre deux feux : ceux

---

1. http://www.sada.pro/?p=18280

du régime, d'un côté, et de l'État islamique de l'autre.

C'est le second avantage du grignotage du terrain par l'État islamique à partir de l'été 2014. Partout où ses combattants avancent, ils repoussent les groupes modérés, les chassent des territoires conquis de haute lutte. Le groupe djihadiste se comporte un peu à l'image d'un coucou, faisant main basse sur le « nid » gagné à grand-peine par les révolutionnaires. Pratiquement tout le territoire sur lequel règne actuellement l'État islamique avait été préalablement conquis par d'autres groupes. L'État islamique s'est quasiment toujours contenté de rafler la mise une fois qu'une région avait été libérée par d'autres.

Résultat, l'État islamique ne s'est que très rarement opposé frontalement au régime. Pour couper court à la contradiction, on commencera par citer la liste des exceptions. L'État islamique a bel et bien affronté l'armée syrienne lors de la prise de Palmyre, de celle de la base aérienne de Mannagh, de la capture de la division 17 de Raqqa et de l'aéroport militaire voisin. Il a aussi pris part à des batailles d'importance moyenne dans le Qalamoun, dans les régions d'Alep, de Lattaquié et de Qamishli. Mais cette liste s'arrête là ! Elle révèle surtout que les hommes de Baghdadi n'ont finalement, depuis que le mouvement a été créé, guère cherché à en découdre avec le régime. Ils ont au contraire concentré leurs attaques sur les révolutionnaires ou les Kurdes, contre lesquels l'État islamique est en compétition sur le plan territorial.

Alors que j'étais à Raqqa en juin 2013, quelques semaines après que les djihadistes avaient pris le contrôle de la ville, je ne cessais de m'étonner de voir le régime lâcher presque quotidiennement des barils de TNT sur les zones civiles, provoquant des dégâts considérables, alors que l'état-major des djihadistes, le gouvernorat de la province, bâtiment massif en plein centre-ville, demeurait intouché. Ce n'est finalement que plus d'un an plus tard qu'il a été bombardé… non pas par le régime, mais par des frappes américaines !

Pas étonnant, dans ces conditions, que l'État islamique soit si mal vu par les autres groupes de la rébellion syrienne, et qu'il entretienne même des relations conflictuelles avec les autres mouvements djihadistes, tels que le Jabhat al-Nosra et Ahrar ash-Sham. L'accusation de traîtrise, de collaboration avec le régime, est l'un des principaux reproches qui lui sont adressés – plus encore que l'extrémisme de ses positions ou la violence de ses procédés.

À la fin de l'année 2013, les groupes modérés, lassés de perdre du terrain au profit de l'État islamique, s'exaspérèrent de la conquête de la localité frontalière d'Azaz, au nord-ouest du pays. Le contrôle des frontières est évidemment un objectif de premier choix pour les groupes insurgés. C'est par elles que parvient la contrebande, et notamment les armes. Elles sont aussi une source importante de revenus, puisque les groupes armés qui les contrôlent imposent des taxes sur les marchandises en transit[1]. Tout début janvier 2014, une coalition se forma, principalement autour du Front islamique et de la brigade Tempête du Nord, pour déloger l'État islamique de ses bastions du Nord-Ouest. Les djihadistes furent chassés des villes d'Atareb et d'al-Dana. Mais l'offensive fut suivie d'une contre-attaque djihadiste, qui fut largement un succès. Les troupes de l'État islamique étaient pourtant inférieures en nombre à celles des brigades modérées qu'elles affrontaient, avec le soutien pourtant de plusieurs pays, notamment les États-Unis, la Turquie et des puissances du Golfe.

Le chercheur Romain Caillet, qui étudie avec grand talent les événements syriens, estime que la victoire de l'État islamique a été permise par sa cohérence interne, à la fois idéologique et de commandement, face à des groupes rebelles

---

1. L'aspect économique du conflit est développé dans le chapitre 3.

plus divisés. « Cette unité [de l'État islamique] assure une organisation et une discipline sur le terrain qui tranchent avec celles d'une Armée syrienne libre regroupant à la fois des militaires déserteurs et des bandes mafieuses, ou même celles du Front islamique partagé entre islamistes modérés et salafistes. Même Jabhat al-Nosra ne bénéficie pas d'une telle homogénéité idéologique[1]. » À cela s'ajoutent un certain nombre de ralliements tribaux que l'État islamique s'est assurés et qui lui apportent des soutiens cruciaux.

Malgré certains succès au Nord-Ouest (campagne d'Idlib et prise de l'ouest d'Alep), cette offensive de janvier est globalement restée un échec : l'État islamique a notamment conquis l'est d'Alep, Raqqa et Deir ez-Zor. L'enseignement que l'on peut en tirer reste sans appel : les groupes modérés ont démontré leur capacité à affronter l'État islamique. Ce sont les seuls à même de le faire sur le terrain.

À partir de l'été, alors que l'Occident lançait sa campagne aérienne contre l'État islamique, une nouvelle vague d'épuration est intervenue, qui a mis à mal les modérés. Le 9 septembre 2014, le groupe salafiste Ahrar ash-Sham, l'un

---

1. Romain Cailet, « Échec de l'offensive de l'Armée syrienne libre contre l'État islamique en Irak et au Levant », OrientXXI.info, 4 février 2014.

des piliers du Front islamique, était décapité. Une cinquantaine de membres de son état-major politique et militaire, réunis dans une cache souterraine de la région d'Idlib, périssaient dans une explosion, dont on ne sait si elle est l'œuvre de l'État islamique ou du régime.

En octobre puis en novembre, les autres groupes soutenus par l'Occident subissaient revers sur revers dans les provinces d'Idlib et d'Alep, ainsi que dans le Jebel Zawiya. Le Front révolutionnaire, l'un des oripeaux de l'Armée syrienne libre, et le mouvement laïc Hazem étaient expulsés de leurs fiefs du Nord-Ouest, chassés par un Jabhat al-Nosra qui est désormais à la recherche d'une position stratégique. Le groupe djihadiste, tout franchisé d'al-Qaeda qu'il est, jouit d'une réelle popularité dans les zones sunnites, justifiée par sa lutte effective contre le régime. Dans les zones qu'il contrôle, la population apprécie plutôt qu'il ne se livre pas aux pillages des ressources autant que d'autres groupes armés, y compris les miliciens du régime. Les sunnites tendent à considérer également que le Jabhat al-Nosra est efficace pour les protéger contre les exactions du régime.

Enfin, Abou Mohammed al-Jolani apparaissait l'été dernier en quête de reconnaissance, adressant en particulier une demande aux Nations unies de voir son mouvement retiré de la liste des organisations terroristes. Un geste qui aurait pu être accompagné d'un retrait d'al-Qaeda, mais qui n'a *a priori* pas retenu l'attention des grandes puissances.

Pourtant, en Occident, la tentation revient régulièrement de reprendre langue avec le régime au nom de la lutte contre le terrorisme. *Le Monde* décrivait avec moult détails comment, à la fin du premier trimestre 2014, « les services français ont voulu renouer avec Damas[1] ». Il s'agit en fait d'une initiative de la DGSI (Direction générale de la sécurité intérieure, renseignement intérieur), prise, semble-t-il, sans grande coordination ni avec l'Élysée ni avec le Quai d'Orsay, et regardée avec une grande circonspection par les « cousins » de la DGSE (Direction générale de la sécurité extérieure). Son but était de relancer la coopération policière technique avec les *moukhabarat* syriens afin d'identifier les djihadistes français présents sur le sol syrien, dans la crainte qu'ils ne viennent y commettre un attentat. Les services syriens se sont trouvés plutôt flattés de cette prise de contact, rapporte *Le Monde*, tout en fixant une condition : la réouverture

1. Jacques Follorou, « Comment les services français ont voulu renouer avec Damas », *Le Monde*, 6 octobre 2014.

de l'ambassade de France à Damas, fermée le 6 mars 2012, lorsque la France a cessé de considérer le gouvernement de Bachar al-Assad comme légitime. « Si la DGSI dispose de moyens techniques et humains importants pour surveiller, sur le sol français, les candidats au djihad syrien et leurs communications, il lui manque, en revanche, un maillon précieux : celui de leurs activités et de leurs mouvements en Syrie. La rupture brutale des contacts entre Paris et Damas a asséché la source syrienne d'information et prive, depuis deux ans et demi, la DGSI d'éléments jugés importants », écrit Jacques Follorou. L'un des acteurs (probable instigateur aussi) de cette tentative de rapprochement est l'ancien patron du prédécesseur de la DGSI, la DCRI, Bernard Squarcini. Un « grand flic » qui entretenait des réseaux sécuritaires à Damas, activés notamment à la grande époque du djihad irakien, et resté très influencé par les thèses développées par le régime.

Outre le fait qu'une collaboration policière avec les services de sécurité syriens, responsables de crimes de masse depuis le début de la révolution, serait immorale, il faut garder à l'esprit qu'elle serait totalement contre-productive. Bachar al-Assad est le pire partenaire possible pour lutter contre l'État islamique. Ses services manquent d'ailleurs singulièrement d'informations sur les djihadistes qui déferlent sur son

sol. Comme ces derniers entrent clandestine-
ment dans le pays, il est impossible de recouper les registre de visas ou les informations de
la police aux frontières. Même les interceptions
électroniques (communications téléphoniques
et Internet) sont très limitées.

Dans les zones « libérées » de Syrie, on s'est
émancipé des réseaux syriens, coupés par le
régime et en grande partie détruits par les
combats, et on ne communique pratiquement
plus que via des accès Internet relayés par satel-
lite, sur lesquels les *moukhabarat* syriens n'ont
guère de prise et, dans tous les cas, beaucoup
moins que les grands services occidentaux.
Seuls des agents infiltrés par le gouvernement
syrien au cœur de l'État islamique pourraient
être utiles. Mais leur apport resterait marginal. On apprend probablement beaucoup plus
sur les djihadistes européens en étudiant avec
attention les textes et documents qu'ils postent
sur les réseaux sociaux qu'en organisant une
périlleuse mission d'infiltration !

Si l'on demandait au régime de nous assister
dans la lutte contre l'État islamique, celui-ci
ne nous apporterait « pas grand-chose d'utile
et surtout beaucoup de problèmes », ironise
l'islamologue Thomas Pierret[1]. « Dans tous les
cas, les avantages strictement militaires d'une

---

1. Entretien avec l'auteur.

alliance avec Assad sont insignifiants face aux inconvénients politiques d'une telle stratégie. Soutenir Assad et abandonner les rebelles revient à faire de l'État islamique le seul opposant crédible au régime, et donc à jeter dans ses bras une bonne partie des sunnites, même modérés. C'est exactement ce qui s'est passé en Irak au cours des dernières années, avec cette différence que, en Irak, les sunnites ne constituent que 20 ou 25 % de la population. Imaginer qu'Assad puisse conclure une alliance durable avec des forces sunnites crédibles contre l'État islamique est une aberration : premièrement, parce que les capacités d'inclusion politique de son régime sont nulles et, deuxièmement, parce que, contrairement au gouvernement irakien, il n'a pas de rente pétrolière significative grâce à laquelle il pourrait acheter la loyauté de combattants sunnites. »

Enfin, il faut se méfier des promesses que Bachar al-Assad pourrait faire de « nous aider » à lutter contre l'État islamique. Emma Sky, conseillère britannique auprès de l'armée américaine en Irak, expliquait judicieusement que « les régimes et les terroristes s'alimentent mutuellement. Ils sont dans une relation symbiotique[1]. » Il faut garder à l'esprit que le

---

1. Citée dans Michael Weiss et Hassan Hassan *EI, Au cœur de l'armée de la terreur*, Hugo Doc, 2015.

régime n'a aucun intérêt à la disparition de
l'État islamique, qui signifierait aussi la fin
d'un épouvantail fort utile. Le régime a montré avec l'affaire des armes chimiques quelle est
sa stratégie : il procrastine. Gagne du temps.
Manœuvre. Finalement, ses actions révèlent
ses mensonges.

3

Le poids de l'argent

Ne pas oublier les racines économiques et sociales de la révolution.
Le régime et les groupes armés se disputent le contrôle des richesses.

La Syrie est, depuis le coup d'État de 1963 qui a conduit le parti Baath au pouvoir, un pays d'inspiration socialiste. Une doctrine économique qui a cependant évolué avec le temps et que les différentes parties en présence dans le conflit actuel ont su détourner à leur profit. La guerre se nourrit sur la bête et s'alimente d'elle-même.

« Depuis le début des années 1960 et pendant deux décennies, la politique socialiste syrienne a fonctionné très convenablement. Il y avait des constructions d'écoles, de raffineries, de barrages… », raconte Jihad Yazigi[1],

---

1. Entretien avec l'auteur.

économiste qui dirige plusieurs publications spécialisées sur le pays, dont le très précieux syria-report.com. Longtemps, le régime est parvenu à maintenir l'idéal à flot et a investi dans le développement. La découverte du pétrole, au début des années 1980, commença à faire dérailler ce beau processus. C'est la malédiction de l'or noir et ses promesses d'enrichissement facile qui d'un coup provoquèrent l'avidité. À partir de ce moment, des officiers supérieurs entreprirent de réclamer rétribution de leur loyauté au raïs. C'est aussi à ce moment-là que les investissements de développement chutèrent. « À quoi bon continuer d'investir, se sont-ils demandé. Ils ont alors pensé que le pétrole pourrait tout payer. Les réformes, la libéralisation se sont arrêtées en même temps que les investissements », explique Jihad Yazigi.

Dès les années 1990, la crise survint. Les revenus du pétrole chutèrent sous le double effet de l'épuisement de la production et du contre-choc pétrolier, alors que la population ne cessait de gonfler. Lorsqu'il arriva au pouvoir en juillet 2000, Bachar al-Assad se retrouva acculé et dut relancer l'ouverture et reprendre la privatisation. Cette politique économique se fit au profit d'une nouvelle élite et fit apparaître une nouvelle génération de « fils de ». Il y avait Samer Douba, fils d'Ali, l'ancien patron du renseignement militaire, et aussi Rami Makhlouf, fils de Mohamed, un homme d'affaires aujourd'hui réfugié à Moscou, où il cherche à mettre sa fortune à l'abri des sanctions. Il y eut aussi Firas Tlass, fils de l'ancien ministre de la Défense Moustapha Tlass, depuis passé à l'opposition.

L'opposant et journaliste Ayman Abdel-Nour, ancien compagnon de fac de Bachar al-Assad, est impitoyable lorsqu'il décrit la méthode mise en place par le jeune président : « Le système économique tout entier était conçu pour servir l'oligarchie. Hafez al-Assad, lui, donnait des miettes aux sunnites damascènes et aleppins pour s'assurer un peu de stabilité. Mais Bachar refuse de céder le moindre morceau. Il a arrangé tout le système pour que tout revienne à sa famille. Par exemple, il va réformer le système bancaire seulement une fois que les structures familiales seront prêtes à l'absorber. Son clan veut contrôler toute la Syrie. Il traite le pays tout entier comme sa maison[1]. »

La « maison des Assad » mua rapidement en « Assad, inc. ». Elle se retrouva à l'hiver 2005, peu après le dixième congrès du parti, dans un grand hôtel de la cité romaine de Palmyre, dans le désert oriental. Dehors, les colonnades dessinaient un décor de rêve. Sous les ors de ce palace,

---

1. Entretien avec l'auteur.

des hommes d'affaires proches du régime se concertèrent pour se partager ni plus ni moins l'intégralité des richesses du pays. De ce « Yalta des privatisations » découla la création de deux holdings, le groupe Cham, dirigé par Rami Makhlouf, cousin du président, et le groupe Souria. Dès lors, ces groupes se répartirent les participations de l'État ainsi que les contrats publics. L'architecte de cette réorganisation de l'économie n'était pas un conseiller économique. Ce n'était même pas Abdullah Dardari, proche de Bachar, éduqué en Europe, parlant couramment l'anglais et le français, nommé vice-Premier ministre en charge de l'Économie après avoir été représentant à Damas du Programme des Nations unies pour le développement. Non, Bachar ne s'est même pas donné la peine de mettre en avant l'une de ses vitrines utiles, polyglottes, policées et télégéniques. C'est, beaucoup plus prosaïquement, le général Bahjet Sleiman, qui avait quitté en juin de la même année la branche intérieure des renseignements généraux, qui prit en charge cette réforme. L'économie étant un enjeu de sécurité nationale, les agences de sécurité devaient prendre le contrôle des ressources. La suite du règne de Bachar, jusqu'au déclenchement de la révolution, a été un jeu de dupes. D'un côté, le régime mettait en scène ses réformes et ses privatisations. Abdullah Dardari était chargé de présenter aux médias, aux diplomates, aux missions d'experts, une façade radieuse de la situation, tandis qu'en coulisse le jeu était pipé. Il n'y avait pas de concurrence possible. Les oligarques proches du pouvoir, membres de la famille ou de l'appareil sécuritaire, s'étaient déjà réparti les beaux morceaux. Corruption et prévarication devinrent les devises du régime.

« Il n'y a pas eu en Syrie de privatisations dans le sens de vente d'actifs publics, comme on connaît en Occident, explique Jihad Yazigi, juste une ouverture de secteurs. Le cas d'école, ça a été les marchés de téléphonie mobile. Il y avait deux licences en jeu, évidemment très rentables, mais l'attribution n'a pas donné lieu à un appel d'offres réel et, au final, une licence a été attribuée à Makhlouf et une autre à Mikati. »

S'il y a quelqu'un qui a payé particulièrement cher sa lutte contre ce système, c'est Riad Seïf, homme d'affaires avisé, franchisé notamment de la marque Adidas en Syrie et député depuis 1994 sous l'étiquette « indépendant ». « Depuis mon élection, j'ai toujours pris très à cœur de lutter contre la corruption. Et cela m'a beaucoup coûté. En 1996, ils m'ont pris mon fils. Il a été assassiné. En 1999, ils ont organisé ma faillite[1]. » En 2001, Riad Seïf

---

1. Entretien avec l'auteur.

publie un rapport prouvant que l'attribution des licences de téléphonie mobile a été faite sans mise en concurrence sérieuse, et que la formulation des contrats fait de ces marchés des vaches à lait pour ceux qui les remportent. Le régime prend prétexte de ses activités politiques et de l'organisation d'un forum de discussion à son domicile pour le mettre en prison cinq années. À peine sorti, il prend la tête de la Déclaration de Damas, un manifeste pour l'ouverture politique qui lui vaut d'être arrêté à nouveau fin 2007, cette fois pour deux ans et demi. « Ce régime n'est pas capable de se réformer, conclut-il, amer. En fait, avant même d'être une dictature, c'est une oligarchie familiale. Bachar est persuadé que la Syrie est sa propriété privée. Et, depuis le début de la révolution, il montre qu'il préfère la casser plutôt que de la perdre. »

« Au plus haut niveau, il n'y a que Bachar al-Assad et Rami Makhlouf qui décident de tout. À l'échelle inférieure, les hommes d'affaires doivent acheter la protection de responsables des services de renseignements », précise Ayman Abdel-Nour[1]. « Il y a un patronage des services de renseignements. Si tu ouvres un hôtel, il va falloir que tu paies un responsable des *moukhabarat* ou alors il actionnera un

---

1. Entretien avec l'auteur.

copain au ministère du Tourisme qui va faire un rapport disant que tu vends de la nourriture avariée et ils vont faire fermer ton hôtel jusqu'à ce que tu paies[1] », décrit Jihad Yazigi.

Avec cette « ouverture », sous contrôle étroit du pouvoir, les élites économiques se concentrèrent sur les villes et délaissèrent les campagnes. L'agriculture syrienne connut ensuite plusieurs années consécutives de sécheresse qui conduisirent à des récoltes calamiteuses. Marginalisés, appauvris, les ruraux syriens devinrent les premiers opposants. Pour les fins connaisseurs du pays, ce n'est pas une surprise que la révolution commençât à Deraa, alors même que la bourgade du Sud syrien était plutôt un bastion du parti Baath. La révolution prend sa source dans des questions qui sont en grande partie économiques. La géographie du soulèvement est très parlante et révèle des racines qui vont au-delà des simples hiatus communautaires communément avancés. La révolution trahit des lignes de fracture économiques et sociales avant que de révéler un conflit entre sunnites et chiites. Les campagnes se sont soulevées les premières. À l'inverse, le souk d'Alep, pourtant presque exclusivement sunnite, est resté très longtemps favorable au régime.

---

1. *Ibidem.*

Le politologue libanais Ziad Majed n'hésite pas, lui non plus, à utiliser une grille de lecture d'inspiration marxiste pour décrypter les origines de la révolution syrienne. « Il y a dans la révolution syrienne une question de classes. Mis à part les étudiants, les intellectuels et les activistes qui ont joué un rôle important au cours des premiers mois, cette révolution concerne surtout des pauvres, des ruraux, des gens rustres, pour lesquels une partie de la nouvelle bourgeoisie syrienne n'a pas beaucoup de sympathie. Elle préfère s'identifier aux apparences "occidentalisées" du régime, qui en plus protège ses intérêts et ses "affaires". Il y a du racisme social. On ne veut voir que les gens qui nous "ressemblent". On s'enferme dans une certaine bulle, et on méprise les travailleurs, les vendeurs de légumes, les femmes de ménage et tous ceux qui les soutiennent[1]. » De fait, la révolte des Syriens avait au moins à l'origine un aspect communard – romantique, collectiviste et libertaire. Il n'est pas très étonnant qu'elle se soit rapidement heurtée à des conservatismes.

Avec le début de la révolution, la population a très vite trouvé des solutions pour combler le vide laissé par les défaillances de

---

1. Entretien avec l'auteur.

l'État. « Dès qu'il y a eu des zones libérées, on a eu comme un mouvement spontané, mais très bien organisé : les notables de la ville se regroupaient et créaient des conseils locaux, raconte la journaliste Hala Kodmani, l'une des rares dans la presse française à continuer de se rendre en Syrie. La population s'est organisée pour le ravitaillement, pour les écoles, pour les hôpitaux, pour les tribunaux. Deux éléments ont fait échouer cette expérience : d'une part, les bombardements du régime, qui visaient tout particulièrement les cibles civiles, et spécialement les écoles et les hôpitaux, et, d'autre part, les islamistes[1]. » Mais la révolte déclencha aussi une compétition pour le contrôle des ressources. Très vite, l'État rencontra des difficultés pour payer les différentes milices et les *chabiha* (miliciens informels, souvent d'anciens voyous en charge des basses œuvres des services de renseignements) qu'il employait dans l'application de sa répression. Les hommes de main du régime furent donc autorisés à se « payer sur la bête ». Lorsqu'ils mataient un quartier ou prenaient un village aux révolutionnaires, ils ne se contentaient pas de s'attaquer à ses habitants, mais se livraient à des pillages en règle… qu'on a même pu voir en direct à la télévision.

---

1. Entretien avec l'auteur.

Le lendemain de la chute de la ville d'Al-Qusayr le 5 juin 2013, l'envoyée spéciale de la BBC, Lyse Doucet, obtint des autorités l'autorisation de se rendre dans la ville récemment « reprise aux terroristes ». Le régime était tellement satisfait de son succès, véritable tournant dans la révolution, qu'il permit son accès à un média international afin d'optimiser la publicité autour de cette victoire. L'équipe de télévision était dotée de moyens satellites qui permirent à Lyse Doucet, marchant dans les rues, de faire un reportage en direct, sans montage, décrivant simplement ce qu'elle voyait autour d'elle. Bien sûr, le régime avait rameuté quelques habitants chargés de clamer leur joie du retour de l'armée. Mais, ce qui sautait aux yeux, c'étaient tous les hommes armés, vêtus de treillis dépareillés, certains portant des insignes jaunes du Hezbollah, juchés hilares sur des motos qui transportaient tout ce que leur monture leur permettait : mobilier, télés, ordinateurs, appareils électroménagers… On a vu par la suite s'ouvrir un marché informel à Homs, surnommé « *souk al-sunna* », le marché des sunnites, parce qu'il servait à vendre les biens pillés à cette communauté. « On assiste en Syrie à une folle dégradation de l'État, au point qu'il se transforme en milice, explique le politologue Hamit Bozarslan. Selon Weber, l'État, c'est une mafia qui a réussi. L'État westphalien a le droit de faire la guerre à l'extérieur pour protéger sa société. Mais, dans le cas présent, on assiste à un État mafieux qui détruit sa société pour vivre de sa destruction[1]. »

Pour autant, le régime n'a pas le monopole de la rapine. La dégénérescence de la guerre civile a conduit les différents patrons de *katibas* à se comporter à leur tour, bien souvent, comme de vulgaires *warlords*, des chefs de guerre sans scrupules. « Les groupes armés ont fait main basse sur les civils, déplore l'intellectuel Yassin al-Haj Saleh. Pour tout, vous avez besoin d'eux – même pour avoir à manger, vous avez besoin d'eux. Ils veulent le pouvoir. Ils veulent contrôler les gens. Il y a parmi eux des groupes qui sont plus ouverts d'esprit, mais leurs ressources sont plus limitées et ils sont plus faibles que les groupes radicaux[2]. » Les groupes armés sont devenus des acteurs économiques majeurs. Là où ils se sont installés, ils ont remplacé l'État, défaillant, pour la fourniture des services de base à la population, mais aussi, et surtout, pour l'exploitation des ressources : usines, fermes d'État, silos à grains, boulangeries industrielles, barrages hydroélectriques... Le contrôle des frontières,

---

1. Conférence du 30 novembre 2014.
2. Entretien avec l'auteur.

avec les « droits de douane » auxquels il donne accès, est particulièrement lucratif.

« Le contrôle des postes-frontières et des barrages routiers est l'une des sources de revenus les plus importantes pour les brigades rebelles, écrit Jihad Yazigi[1]. Quelque 34 postes de contrôle, par exemple, ont été répertoriés sur les 45 km qui séparent Alep de la frontière turque, soit un poste de contrôle tout les 1,3 km. À Alep même, le barrage du quartier de Bustan al-Qasr, qui relie les zones rebelles à celles du régime, a été l'objet d'âpres batailles entre plusieurs brigades, car son contrôle permet de percevoir des taxes sur toutes les marchandises qui le traversent. En pratique, de nombreuses brigades rebelles sont maintenant davantage concentrées sur le développement de leurs activités commerciales que sur la lutte contre le régime. Pour celles-ci, ainsi que pour de nombreux autres individus et groupes des deux côtés du conflit, la guerre est source de richesse et sa fin potentielle serait synonyme de pertes. »

La principale ressource du pays demeure malgré tout les hydrocarbures. Il est à ce titre intéressant de constater que le régime comme l'État islamique prétendent tous les deux libérer les populations de la tyrannie de l'autre,

---

1. http://jihadyazigi.com/tag/nord-est/

mais que leurs principales batailles ne se déroulent pas spécialement autour des centres urbains. Le territoire qu'ils se disputent le plus férocement est désertique, mais riche en hydrocarbures. Les combats ont surtout visé à conquérir des champs, des raffineries, des oléoducs. En l'occurrence, la Syrie dispose de deux bassins pétrolifères. Le premier s'étend de Deir ez-Zor à la frontière irakienne. Il a été, un temps, un joyau de Shell et de Total, avec une production autour de 400 000 barils par jour dans les années 1980, désormais descendue à un niveau guère supérieur à 100 000. Le second bassin se situe dans l'extrême Nord-Est, entre les villes de Qamishli et Hassaka, dans une zone dont le régime a largement cédé le contrôle aux peshmergas du PYD, la filiale syrienne du PKK. Cette région était encore en forte croissance au moment où la révolution a éclaté, avec 250 000 barils produits par jour en moyenne. Dans la région de Deir ez-Zor, les groupes armés se font concurrence pour récupérer une part de la production de ces champs, provoquant même des combats violents entre factions « rebelles ».

D'un autre point de vue, le conflit dure aussi parce que les différents acteurs continuent de percevoir des fonds de leurs sponsors étrangers. Côté régime, les revenus ordinaires ne rentrent plus. La bourgeoisie, insatisfaite du service rendu, ne paie plus l'impôt. Les exportations d'hydrocarbures ont chuté. Résultat, un curieux commerce triangulaire s'est mis en place. L'Iran est devenu le principal pourvoyeur de devises de Damas et se retrouve régler directement les livraisons d'armes assurées par Moscou. Côté rebelles, les soutiens viennent principalement du Golfe, des hommes d'affaires de la diaspora syrienne et, dans une moindre mesure, de Turquie et d'Occident. Il n'existe, à ma connaissance, aucune étude globale sur les ressources des groupes insurgés (révolutionnaires et djihadistes ensemble), mais il est évident que, en la matière, la règle du « qui paie commande » est de mise. Elle n'est d'ailleurs pas pour rien dans la radicalisation du conflit, puisque, lorsque la révolution s'est armée, on a assisté à une compétition entre *katibas* pour s'attirer les financements du Golfe. Les branches médias des différents groupes armés filmaient leurs exploits pour attirer les sponsors, et il leur est vite apparu que plus ces films étaient empreints d'un épais vernis islamique, plus ils remportaient de succès parmi les donateurs, pour qui ces dons constituent la *zakat*, l'impôt islamique qui est l'un des piliers de l'islam. Mais ces donations reculent, victimes des mesures prises pour lutter contre le financement du terrorisme.

Parmi tous les groupes insurgés, celui qui a mis en œuvre l'économie la plus efficace est probablement l'État islamique, dont les finances sont radieuses, au point d'en faire « l'organisation terroriste la mieux financée au monde », selon l'administration américaine. La contrebande de pétrole, exploitée dans les champs sous son contrôle en Irak et en Syrie, lui rapporterait un million de dollars par jour. Cela semble considérable, mais ce n'est qu'une toute petite partie de son budget, que les États-Unis ont estimé jusqu'à deux milliards de dollars ! Les services de renseignements peinent à identifier les intermédiaires qui achètent ce pétrole « sale », une huile de contrebande commercialisée en général peu ou pas raffinée. Ensuite, tout un réseau de financiers véreux recycle les sommes dégagées grâce à un jeu de prête-noms. Parmi les autres sources de revenus de l'organisation djihadiste : la mise à sac de la banque de Mossoul, dans laquelle se seraient trouvés 480 millions de dollars (une information ensuite contestée et contredite par plusieurs officiels irakiens), et le trafic des antiquités. Des objets d'art, provenant de musées ou d'églises, seraient revendus à des trafiquants, notamment en Turquie (mais beaucoup de rumeurs circulent à ce sujet. Le trafic d'antiquités par l'État islamique est très mal documenté, au point que beaucoup pré-

fèrent insister sur les *destructions* d'antiquités).
L'État islamique tient également des points de
contrôle douaniers à chacune de ses « frontières » et taxe les camions plusieurs centaines
de dollars. Enfin, le sous-secrétaire d'État américain au Trésor, David Cohen, déplore qu'au
« moins 20 millions de dollars de rançons »
aient été versés à l'État islamique pour assurer la libération d'otages. Un chiffre évidemment invérifiable et démenti par tous les pays
concernés.

Ironie de l'histoire, l'État islamique et le
gouvernement syrien ne sont pas à une contradiction près lorsqu'il s'agit de faire des affaires
ensemble. En janvier 2014, Ruth Sherlock,
correspondante du *Daily Telegraph* britannique au Moyen-Orient, révélait les dessous
d'un complexe trafic de pétrole entre les deux
adversaires[1]. Ayant recueilli des témoignages
de services de renseignements occidentaux,
d'insurgés syriens et de repentis d'al-Qaeda,
elle mit au jour les accords que beaucoup de
Syriens suspectaient : le fait que du brut extrait
en zone contrôlée par le gouvernement tran-
sitait par des oléoducs dans des zones tenues
par l'État islamique, ou vice-versa, était, sur

---

1. Lorsque j'étais à Raqqa en juin 2013, plusieurs
témoins évoquaient de tels accords, à la fois dans la province et dans celle de Deir ez-Zor.

le terrain, la preuve d'un accord au moins tacite entre eux. Mais la journaliste du quotidien britannique prouva la duplicité des deux ennemis : « L'assertion qu'Assad combat le terrorisme d'une main de fer n'est rien d'autre qu'une vaste hypocrisie, lui confie un agent de renseignement occidental. Pendant qu'il sert une fable sur son combat contre le terrorisme, le régime a conclu un certain nombre de contrats afin de protéger ses intérêts et assurer sa survie[1]. »

C'est au printemps 2013 que les premières traces de tels contrats entre régime et djihadistes remontent[2], lorsque Jabhat al-Nosra prend le contrôle de champs pétrolières parmi les plus riches du pays, dans la province orientale de Deir ez-Zor. « Le régime paie al-Nosra pour protéger les oléoducs et les gazoducs tombés sous son contrôle dans l'Est et le Nord du pays, et aussi pour permettre le transport du pétrole vers des zones tenues par le gouvernement », rapporte la journaliste britannique.

---

1. Ruth Sherlock, « Syria's Assad accused of boosting al-Qaeda with secret oil deals », *op. cit.*

2. Ce type d'accord avait débuté plus tôt avec les contrats passés entre le régime, d'une part, et, d'autre part, les tribus arabes originaires de la région ou le PYD kurde, rémunérés pour assurer la protection des sites et l'acheminement des hydrocarbures en direction des raffineries.

Les raffineries de Homs et de Banias, en particulier, n'ont pas cessé d'être approvisionnées en brut malgré la perte de la plupart des champs par le régime. Beaucoup de ces installations, conquises par le Jabhat al-Nosra, sont désormais sous l'emprise de l'État islamique, et rien ne semble indiquer que ces accords aient pris fin depuis.

Côté irakien, l'État islamique a mis la main sur des champs pétrolifères dans la région de Mossoul, mais aussi aux frontières des zones kurdes, et il se bat contre l'armée irakienne pour le contrôle de la raffinerie de Beiji, l'une des plus importantes installations pétrolifères du pays.

Enfin, ce n'est la moindre des contradictions des frappes déclenchées par les États-Unis que d'avoir accru les souffrances des civils. Jihad Yazigi développe dans une note de blog très documentée[1] l'impact financier de cette campagne sur les acteurs syriens. Les cibles principales des bombardements ont été, dès les premiers jours, les raffineries contrôlées par l'État islamique, dans l'objectif notamment de tarir le pétrole comme source de financement.

---

1. http://jihadyazigi.com/2014/11/06/lourd-impact-socio-economique-des-frappes-aeriennes-contre-lei-en-syrie/

« Alors qu'il est probable que les finances de l'État islamique vont souffrir de la destruction des raffineries, il n'est pas certain que l'impact soit aussi important que ne l'espère Washington, relève l'économiste. Contrairement aux raffineries, la plupart des champs pétrolifères n'ont pas été touchés et l'organisation islamique a toujours les moyens de vendre le pétrole sous forme brute. » Et de noter que l'État islamique dispose de nombreuses autres sources de financement, notamment des taxes et impôts levés dans les zones sous son contrôle.

Jihad Yazigi relève en revanche que la population, elle, eut très vite à souffrir de difficultés pour trouver du carburant. Des pénuries qui deviennent particulièrement critiques en hiver, alors que l'immense majorité de la population se chauffe grâce à des poêles domestiques au mazout. Ce déficit de produits pétroliers a eu un effet inflationniste et provoqué des conséquences en chaîne : le prix des produits, notamment agricoles, a aussi augmenté du fait de la hausse des prix de transport, et la fourniture d'électricité, largement dépendante de générateurs diesel alors que le réseau a été largement détruit par la guerre, s'est réduite encore plus. Quelques jours après les premières frappes, le régime a augmenté successivement le prix du mazout de 33 %, et de 17 %, dans une simultanéité qui pourrait bien trahir encore les flux de produits pétroliers extraits en zone tenue par l'État islamique et consommés en zone gouvernementale.

La terrible ironie de ces frappes, c'est que les populations souffrent le plus dans les zones qui ont quitté le giron gouvernemental, qu'elles soient tenues par l'armée libre, l'État islamique ou un autre groupe rebelle. Le régime, grâce à un soutien financier important de l'Iran et de la Russie, parvient en effet à maintenir le niveau de vie de la population. Il en est tout autrement des zones qui se sont libérées de son joug, avec une petite nuance toutefois pour les régions de peuplement kurde.

L'instabilité a détruit l'économie de production, mis en place des structures basées d'un côté sur la survie, et de l'autre sur la prédation. Aux dépens, c'est la loi du genre, de la population.

4

Une prophétie autoréalisatrice

La radicalisation de la révolution syrienne est le résultat naturel de notre inaction.

Aux gens qui, dans les dîners en ville ou à l'issue de conférences, viennent me voir d'un air apitoyé en me disant : « Pour sûr, mon bon monsieur, que cette histoire de Syrie est un drame sans fin. Mais bon, tout cela, c'est tellement compliqué… » et repartent dans un soupir de désespoir, j'ai pris l'habitude de répondre par une fable de cour d'école.

C'est l'histoire d'un petit élève qui, à chaque récréation, se faisait casser la figure par un autre enfant. L'élève, sagement, est allé voir la maîtresse pour se plaindre. Laquelle l'a immédiatement défendu : « Oh, mon pauvre chéri, c'est pas bien ce qui t'arrive », et d'aller voir l'autre pour le sermonner : « Tu es méchant, arrête tout de suite ou je vais te punir… » Sauf que, chaque jour, à chaque récré, notre enfant se fait massacrer. La maîtresse, le directeur, les surveillants retournent certes voir l'enfant violent pour le réprimander, mais ils ne font jamais rien pour l'arrêter.

Cela fait maintenant trois ans que cela dure, trois ans que notre élève se fait violenter. Il a décidé de rejoindre un gang pour se protéger. Un vrai gang de vrais méchants. Alors, tout le personnel encadrant de l'école lui saute dessus pour le critiquer. Et le méchant garçon, celui qui cassait la figure, vient maintenant voir la maîtresse en crânant : « Tu vois, je t'avais bien dit que c'était un voyou ! »

J'ai eu, au cours de ma vie de journaliste à travers le Moyen-Orient, de nombreuses occasions de constater que les prophéties, dans ce coin du monde, sont incroyablement autoréalisatrices. En l'occurrence, il suffit bien souvent de crier au loup pour créer un loup. La violence appelle la violence, comme le désespoir radicalise et la haine alimente la haine. « Plus encore que l'ennemi des Syriens, Daech est le visage noir de leur désespoir », me confiait un révolutionnaire de la première heure.

Dès mon premier reportage en Syrie après le début de la révolution, en septembre 2011, je m'inquiétais du potentiel de violence qui était contenu dans ce mouvement naissant. Pourtant, à l'époque, il ne s'agissait pas d'une guerre. Il

n'y avait pas encore de combats. Mais, déjà, le
pire des conflits paraissait inéluctable, comme
je l'écrivais dans *Le Point*.

« Cette révolution a creusé entre les communautés des fossés qui seront difficiles à combler. Le pouvoir tient fermement ses bastions,
les villes d'Alep ou de Tartous, ainsi qu'une
bonne part de Damas. Il peut compter sur
la fidélité sans faille des alaouites, de la plupart des chrétiens et de beaucoup d'hommes
d'affaires. Mais il s'est sans doute aliéné pour
toujours les sunnites, majoritaires. En face, les
révolutionnaires semblent échouer à recruter
des partisans en dehors de leur terreau naturel : les populations les plus modestes, souvent
rurales, et les quelques villes industrielles du
centre. Dans tous les cas, l'allégeance au pouvoir ou à la révolution dépend largement de
la communauté d'origine, au point de pouvoir se dessiner sur une carte. Tel village est
acquis à un camp, tel autre au second. Dans
les villes, on passe d'un quartier rebelle à un
quartier loyaliste. Sauf que les deux sont entre-
mêlés à l'échelle du pays et ne permettent pas
à l'opposition de se constituer une base arrière
consistante. Des deux côtés, beaucoup de gens
ont franchi un point de non-retour. La plupart
des révolutionnaires se savent recherchés par
le régime, qui sera sans pitié. Et les sbires du
pouvoir qui ont mené la répression ces der-

niers mois ont peu d'espoir de survivre à sa chute. Pour les uns comme pour les autres, c'est la victoire ou la mort[1]. »

La radicalisation de la révolution a été proportionnelle au durcissement de la personnalité de Bachar al-Assad, lui dont on disait qu'il avait choisi, à son entrée en école de médecine, de se spécialiser en ophtalmologie parce qu'il ne supportait pas le sang ! Entre ses années de fac, durant lesquelles Ayman Abdel-Nour le fréquentait, et sa prise de pouvoir, la nature effacée de l'héritier a progressivement laissé place à la dureté implacable d'un *raïs*. Les souvenirs de son ancien ami, qui a continué de le côtoyer jusqu'à son accession au pouvoir, ne manquent pas de piquant : « Bachar al-Assad n'a pas eu qu'une seule vie, il en a eu trois. Le premier Bachar a duré jusqu'à la mort de son frère Bassel [qui devait assurer la succession de son père]. C'était un bonhomme très normal ! Il était timide. Il cachait son sourire, parce qu'il n'aimait pas sa bouche, alors il se cachait le visage pour rire. Il était toujours prêt à rendre service. Le deuxième Bachar est celui qui est rentré de Londres pour suivre sa formation militaire. Comme il était

1. « À Homs, au cœur de la Syrie rebelle », *Le Point*, 6 octobre 2011.

docteur à l'origine, il lui manquait le respect de l'institution militaire, autrement dit le statut de combattant. C'est pourquoi on l'a sorti du service de santé des armées pour l'intégrer au collège de cavalerie, car les tanks sont plus virils. Il a commencé à prendre des muscles. Et sa voix, autrefois fluette, s'est affirmée. Il a perdu toute timidité. Le troisième Bachar est celui qui accède au pouvoir. À peu près un an et demi après son accession à la présidence, il commence à se prendre pour Dieu. C'est là que j'ai cessé de le voir[1]. »

C'est en avril 2013, lors d'un reportage dans le Jebel Zawiya, que j'ai pris conscience que la radicalisation était un processus implacable. Elle allait de pair, systématiquement, avec une critique de l'inaction occidentale. « Si vous ne faites rien pour nous aider, nous serons tous des al-Qaeda ! » Combien de fois ai-je entendu cette phrase, autant une menace qu'un appel au secours désespéré. J'étais pourtant parti tourner pour la chaîne Arte un reportage sur Kafranbel, une bourgade perchée dans les collines qui s'illustrait sur les réseaux sociaux par des messages humoristiques envoyés au monde. Raed Fares, « baathiste repenti », y dirige avec beaucoup d'imagination le centre

---

1. Entretien avec l'auteur.

des médias des révolutionnaires, tandis qu'Ahmed, ancien prothésiste dentaire, est devenu l'un des caricaturistes les plus célèbres de la révolte syrienne. À Kafranbel, on chantait, on dansait, et on avait encore la force de rire. On manifestait même en famille. Alors que la guerre faisait rage, que les bombes et les obus tombaient presque chaque jour, la révolution était encore bon enfant.

Une fois sur place, j'ai découvert que le Jabhat al-Nosra accumulait les gains dans la région. Je fus surpris de voir que ce développement se faisait en relative bonne intelligence avec les autres groupes de la rébellion. Lors de sa fondation, au printemps 2012, alors que le quartier homsiote de Baba Amr était assiégé par l'armée syrienne, le Jabhat al-Nosra jouissait dans un premier temps d'une certaine estime en Syrie. Plutôt organisés, honnêtes, efficaces au combat avec leur pratique ponctuelle de l'attentat-suicide (eux ne parlent que d'« opérations martyres »), ses membres représentaient aux yeux de la population syrienne un barrage efficace contre le régime, quand bien même elle ne partageait pas, le plus souvent, leurs vues politiques, religieuses et sociales extrêmement conservatrices. Le Jabhat al-Nosra s'attachait à mériter son nom (« Front du soutien » en arabe, qui est, au complet, celui de « Front du soutien à la population syrienne des mou-

djahidines du Cham dans l'arène du djihad »).
Il ne rechignait d'ailleurs pas à aller au char-
bon contre l'armée et à s'interposer lorsqu'elle
attaquait. Il prit toujours soin de différencier
les cibles civiles et militaires.

Pourtant, lors de mon reportage à Kafranbel, ce que me dit l'un des commandants de
l'Armée syrienne libre était sans appel : « Si
on laisse le peuple syrien comme ça, il va se
laisser gagner par des tendances djihadistes
véritables. On va aller vers les mouvements
islamistes. Nous sommes tous des musulmans
modérés, mais si on nous laisse seuls sur le
terrain, nous allons rallier les tendances extrémistes. Ce sera un honneur pour nous ! Tous
les jours, 500 ou 600 personnes meurent. On
veut que nous restions des spectateurs, mais
nous n'allons pas rester spectateurs. Le monde
va payer le prix, car le peuple syrien ne va pas
obéir, ni au Conseil de sécurité, ni à l'ONU, ni
aux organisations des droits de l'homme, ni à
personne. Comme nous sommes livrés à nous-
mêmes, nous avons le droit de répondre par
nous-mêmes, par les moyens que nous jugeons
nécessaires. Le peuple syrien est uni, les gens
armés avec les gens désarmés, les employés
avec les ouvriers, nous avons un réseau uni,
debout contre le régime. Le peuple va se tourner vers ce qu'il juge meilleur pour lui. Le
peuple syrien, l'Armée syrienne libre, le Jabhat

al-Nosra, nous sommes tous unis sur le terrain.
Car le Jabhat al-Nosra, que l'Occident nous
décrit comme terroriste – toutes ces définitions
leur conviennent à eux, les Occidentaux, mais
pas à nous –, fait partie du tissu social syrien.
On ne peut le séparer du peuple. Ce sont
des jeux politiques dont le peuple syrien est
conscient, et dont l'objectif est l'effondrement
du peuple syrien lui-même. Pas l'effondrement
du régime de Bachar al-Assad. Le silence du
monde entier a pour but l'effondrement du
peuple syrien ! »

Le succès des groupes islamistes tient à
plusieurs facteurs : à leur image d'efficacité
militaire, d'intégrité, qui les rend souvent
populaires dans la population, mais aussi à la
façon dont les fonds sont levés, qui est une
incitation à surenchérir dans le discours religieux. « Le principal facteur de radicalisation,
c'est que les groupes les mieux équipés sont
ceux qui ont attiré le plus de nouvelles recrues,
note Ziad Majed. C'est ce qui a permis la croissance des djihadistes, qui sont ceux qui avaient
les meilleurs sponsors[1]. »

La popularité du Jabhat al-Nosra dérange.
Par ailleurs, malgré son allégeance à al-Qaeda,
l'épouvantail devient rapidement insuffisant

_____

1. Entretien avec l'auteur.

pour que les Occidentaux ne détournent leur aide à la révolution syrienne. Le régime continuera donc de pousser à la radicalisation de la lutte, contribuant à la fois à conduire le Jabhat al-Nosra à plus de communautarisme, et à la création de l'État islamique. C'est ainsi que le Jabhat al-Nosra, traditionnellement soigneux dans le choix de ses cibles, a changé de politique à l'été 2013, au lendemain de l'attaque chimique de la Ghouta, pour favoriser un glissement confessionnel en s'attaquant de plus en plus à des « cibles alaouites ».

Parallèlement à ce glissement, les relations du Jabhat al-Nosra avec les groupes révolutionnaires se sont détériorées, alors que lui-même est phagocyté par l'État islamique. Le général Salim Idriss, qui se réjouissait jusque-là de l'apport en armes et en combattants de l'étranger, qualifie les djihadistes de l'État islamique de « criminels » et d'« agents du régime ». Les relations entre les trois principaux groupes djihadistes se compliquent. L'État islamique joue la violence, le communautarisme au nom de la pureté de la *sunna*, exploite la frustration, développe une démagogie pour les victimes. Il se rend compte aussi que la radicalité de son djihad est très efficace pour faire venir des recrues de l'étranger, qui attachent peu d'importance aux us et coutumes locaux, et encore moins d'intérêt pour les populations.

Ahrar ash-Sham, mouvement djihadiste constitutionnaliste, allie l'action armée au nom de l'islam et le jeu démocratique. Il annonce son souhait de participer aux élections après la chute du régime et se retrouve très vite combattre frontalement l'État islamique dans plusieurs régions, notamment à Raqqa. Enfin, Jabhat al-Nosra balance entre les deux, concluant ponctuellement des alliances de circonstance, s'unissant parfois aux autres groupes, les combattant ailleurs. Le très laïc intellectuel Yassin al-Haj Saleh explique que « la principale différence entre le Jabhat al-Nosra et l'État islamique, c'est que le Jabhat est composé en grande partie de Syriens et qu'il a un agenda principalement syrien. Alors que l'État islamique a un agenda international et est composé de nombreux *muhajirin* ("émigrés", c'est ainsi que l'on appelle souvent les combattants étrangers parmi les djihadistes). Mais leur idéologie est très proche[1] ». L'une des priorités du Jabhat al-Nosra est d'éviter la survenue d'une *fitna*, guerre intestine entre musulmans.

Et Yassin al-Haj Saleh de s'inquiéter de l'évolution de la situation : « Plus le régime dure, plus cela va conduire à plus de radicalisation, plus de communautarisme. Il y a de plus

---

1. Entretien avec l'auteur.

en plus de massacres sur des bases confessionnelles. Les gens se retrouvent tuer des habitants des villages voisins. Et cela profite avant
tout aux fondamentalistes, et au régime. »

« La différence entre les groupes djihadistes
n'est pas tellement idéologique, mais relève
de leur composition, analyse Ziad Majed. La
plupart des membres du Jabhat al-Nosra et
d'Ahrar ash-Sham sont syriens. La plupart des
recrues de l'État islamique (au moins dans ses
débuts) sont étrangères. Cela remonte déjà à
l'époque de la rupture entre le Jabhat al-Nosra
et l'État islamique : Jolani a gardé la plupart
des Syriens, alors que presque tous les étrangers
rejoignaient Baghdadi. Entre Jabhat al-Nosra et
l'État islamique, il y a eu une vraie guerre à
Deir ez-Zor qui a fait des milliers de morts. Le
problème, c'est que, au lieu de voir ce qui peut
les diviser et ramener Jabhat al-Nosra dans le
giron des révolutionnaires, l'intervention américaine actuelle risque de renforcer la solidarité
entre djihadistes. Il faut trouver des interlocuteurs, au sein de Jabhat al-Nosra comme
d'Ahrar ash-Sham, pour les récupérer un jour
en faveur de la cause de la révolution[1]. »

Pour tous ceux que je rencontre au fil de
mes reportages en Syrie depuis le début de la

---

1. Entretien avec l'auteur.

révolution, il semble évident que le pays a besoin de l'aide internationale afin de venir à bout de la dictature. Sauf que les Syriens ont mis du temps à comprendre qu'elle ne viendrait jamais, et que cette prise de conscience s'est faite dans la douleur. Est-il besoin de rappeler tous les appels à l'aide lancés par les instances révolutionnaires ? Octobre 2011 : demande d'une zone d'exclusion aérienne. Décembre 2011 : demande de mise en place d'une zone tampon humanitaire où les populations déplacées pourraient se réfugier. Janvier 2012 : demande d'un soutien affiché à l'Armée syrienne libre. Mars 2012 : demande d'une intervention militaire internationale pour mettre fin aux massacres. Août 2012 : demande d'armes anti-aériennes, etc. En juin 2013, la France du président Hollande se demandait encore quelles pourraient être les modalités de livraison d'armes capables d'abattre les avions du régime, alors qu'il ne faisait plus de doute depuis longtemps que la supériorité aérienne du gouvernement lui donnait un avantage décisif et annihilait les sacrifices de l'Armée syrienne libre. Deux ans plus tard, elle envoyait ses chasseurs bombardiers dans le ciel syrien… afin de frapper le seul État islamique.

« L'Occident, et notamment les États-Unis, a entretenu indirectement le déséquilibre des forces, accuse le politologue Ziad Majed. Les livraisons d'armes et les soutiens politiques limités ont permis au régime de maintenir sa puissance de feu et à son aviation de bombarder tout le territoire syrien malgré sa perte de légitimité populaire. » L'inaction la plus coupable a été celle qui a suivi le bombardement chimique de la Ghouta, avec son bilan de 1 400 morts en août 2013. Le régime a d'abord connu un mouvement de panique. Les observateurs à Damas ont observé au sommet du pouvoir un réflexe de sauve-qui-peut, devant l'imminence d'une intervention occidentale. Mais, *a contrario*, l'absence de réaction a finalement été perçue comme un blanc-seing absolu par le régime, qui a compris que l'Occident ne ferait rien, jamais, et a aussitôt redoublé la brutalité de ses attaques, quitte à réintroduire de façon insidieuse, avec le chlore, l'arme chimique dans son arsenal quotidien. Comment prendre au sérieux les rodomontades d'une communauté internationale incapable de réagir de façon convaincante aux « lignes rouges » qu'elle a elle-même fixées ?

« Depuis l'absence de réaction occidentale au bombardement chimique de la Ghouta, les bombardements du régime ont redoublé de férocité et visent désormais la population civile de la façon la plus vicieuse afin de faire le plus grand nombre de victimes civiles, acquiesce Farouk Mardam-Bey, historien, éditeur, et l'un des premiers soutiens de la révolution syrienne. On a vu sur le terrain l'avancée de l'armée syrienne épaulée par des milices tandis qu'on assistait à une offensive médiatique qui consistait à faire passer le message "C'est Daech ou le régime". Les projecteurs médiatiques ont changé de camp. Alors que les journalistes étrangers allaient principalement en zone libérée, du fait des enlèvements, ces zones se sont retrouvées désertées par la presse précisément au moment où le régime ouvrait ses portes et accueillait de plus en plus de médias occidentaux qui faisaient passer son message[1]. »

Pourquoi cette reculade de l'Occident ? Il serait trop simple et trop rapide de se contenter d'évoquer la lâcheté de nos gouvernements. Les raisons de ne pas intervenir pour protéger les civils sont bien connues : on pense d'entrée à la fameuse peur que les armes livrées ne « tombent dans de mauvaises mains » (crainte exprimée avant même que les « mauvaises mains » tant redoutées, celles des djihadistes, n'apparaissent sur le terrain syrien). On a aussi beaucoup reproché aux rebelles leur faiblesse et leurs divisions. Mais comment s'en étonner, quand tant de « parrains » si intéressés cherchent à leur imposer un ordre du jour ? Entre des États du Golfe qui les soutiennent

---

1. Entretien avec l'auteur.

pour maintenir une suprématie sunnite face à la phobie d'un « croissant chiite », des Turcs aux visées impérialistes et des Occidentaux qui réclament avant tout à l'Armée libre de faire la police contre le terrorisme islamiste, entre les États-Unis qui favorisent un poulain, les Turcs ou les Français qui appuient un groupe, et la sempiternelle compétition entre Saoudiens et Qataris, qui, chacun, financent leurs protégés, comment pouvait-on espérer que les *katibas* révolutionnaires, par ailleurs soumises à leur propre jeu politique local, s'unissent pour être, à peine sorties des limbes de la clandestinité, aussi efficaces qu'une armée nationale ? « Le Qatar et l'Arabie saoudite ne sont pas des États démocratiques. Ils ne sont pas nécessairement intéressés par les libertés des Syriens. Ils cherchent à affaiblir l'Iran et la Russie, deux États non démocratiques également, qui protègent le régime syrien pour des raisons géostratégiques, mais aussi confessionnelles », rappelle le politologue Ziad Majed. « La compétition entre Arabie saoudite et Qatar a grandement contribué à l'éclatement de l'opposition », précise Farouk Mardam-Bey. Sans parler des divergences d'analyse et de vue entre pays occidentaux, qui n'ont pas aidé à dégager une politique autour d'un seul discours.

Les reproches adressés aux révolutionnaires syriens sont en fait l'expression de notre hypocrisie à peine embarrassée. Le président Barack Obama l'a admis lui-même : il n'avait « pas de stratégie » concernant la crise syrienne. Quant aux diplomates européens, ils se réfugient derrière le veto opposé au Conseil de sécurité par la Russie, qui paralyse, de fait, la communauté internationale. « Sur le seul dossier syrien, on a eu quatre veto russes, c'est du jamais vu ! » s'exclame Gérard Araud, qui était ambassadeur de France aux Nations unies jusqu'à l'été 2014 et s'est donc beaucoup penché sur le dossier syrien. « C'est bien la preuve, conclut-il, que les Nations unies ne résolvent pas tous les conflits. Elles ne résolvent que les conflits que les grandes puissances veulent bien les laisser résoudre[1]. » Reste que cette opposition russe soulageait finalement bien des dirigeants occidentaux, leur permettant de se dédouaner de leur inaction.

Dans les états-majors militaires des différentes capitales, on a bien établi des plans d'action en Syrie. Mais, à chaque fois, on a pris peur. Trop compliqué. Trop risqué. Trop d'acteurs incontrôlables. Un régime encore trop fort. Et, au final, un coût d'intervention (y compris en représailles terroristes potentielles, à l'image

---

1. Rencontre avec la presse, Paris, septembre 2014.

de celles entreprises par l'Iran dans la France des années 1980) trop élevé par rapport à un bénéfice politique négligeable : nos opinions publiques s'en sont fait une raison. Le peuple syrien est victime d'une sorte de destin contre lequel on ne peut rien. La désaffection des manifestations de solidarité en France à l'égard de la révolution syrienne en est une triste illustration. Placés en regard de tous les défis français, la faible croissance, le chômage, la dette, les déficits, les morts en Syrie ne pèsent rien ou presque sur le plan électoral. Pourtant, la pression diplomatique peut produire des effets. « Le régime ne reculera pas, soupire Farouk Mardam-Bey, tant que l'attitude des Russes et des Iraniens restera la même. Il est malheureusement peu probable qu'elle change, même si les Russes craignent quelque peu l'intervention occidentale contre l'État islamique, et que cela peut les pousser à un peu plus de réalisme. » La suite a montré que la Russie était au contraire prête à un soutien sans faille.

Les groupes islamistes ont eux-mêmes résisté autant que possible au piège de l'extrémisme. Frantz Glasman, consultant sur la Syrie, évoque dans un rapport[1] la « Charte d'honneur révolu-

_____
1. Frantz Glasman, « Vie locale et concurrence de projets politiques dans les territoires sous contrôle de l'op-

tionnaire des brigades combattantes » qu'elles ont signée le 18 mai 2014, laquelle « affirme leur engagement en faveur du mouvement révolutionnaire. [Ce texte] annonce explicitement le rejet de toute forme de gouvernance islamique totalitaire. Il affirme que la chute du régime doit conduire à la justice et non à la vengeance. Il fait explicitement de l'État islamique et de ses pratiques takfiristes un ennemi à combattre au même titre que le régime et ses soutiens armés. Il appelle à la collaboration entre toutes les forces rebelles et se dit ouvert à la coopération avec les pays étrangers. Il s'engage à préserver l'unité de la Syrie. Il confirme que la décision politique et militaire doit rester entre les mains des Syriens, ce qui constitue un virage à 180° sur la question des "étrangers" engagés en Syrie. Il rappelle enfin que la révolution syrienne vise à l'instauration d'un État de droit et de liberté pour tous les Syriens, de toutes les communautés et de toutes les ethnies, et il s'engage vis-à-vis de ces objectifs à respecter les droits de l'homme. »

La prophétie s'est réalisée d'elle-même. Dans leur malheur, les Syriens, abandonnés de tous, s'en sont remis de plus en plus à Dieu. Comment pourrait-on leur en vouloir ? Face à

position, des djihadistes et des Kurdes en Syrie », Paris, octobre 2014.

l'ampleur des crimes, face à l'exposition conti-
nue à une extrême violence, à la peur, au désespoir, face à la mort, omniprésente, comment
pourrait-on leur reprocher d'avoir eu besoin
de croire ? Ne peut-on pas comprendre que
leur recours à Dieu est un mouvement naturel ? Ironie de la situation, je laisse au chrétien Ayman Abdel-Nour le soin d'expliquer ce
mouvement vers Allah : « Tous les Syriens qui
combattent ont besoin de Dieu pour mourir
en son nom. Les Syriens sont religieux. Même
les chrétiens, lors des guerres contre Israël,
criaient *"Allah akbar"* en montant à l'assaut.
C'est le cri officiel de l'armée. C'est culturel,
pas religieux. Moi aussi, j'ai passé mon service
militaire à crier *"Allah akbar"* ! Je n'accepte-
rais pas de mourir sous la bannière de Castro
ou de Lénine… La plupart des révolutionnaires brandissent la bannière noire, mais c'est
parce que c'est la seule bannière disponible.
Il n'y en a pas d'autre, et même les chrétiens
meurent dessous[1]. »

Comme, par ailleurs, les groupes modérés se
retrouvaient pris en étau, subissant les principaux assauts du régime comme ceux de l'État
islamique, les conditions étaient réunies pour
une radicalisation de l'opposition. Wladimir
Glasman, ancien diplomate en poste à Damas,

---

1. Entretien avec l'auteur.

résume très bien sur son blog les raisons qui expliquent le succès en matière de recrutement de l'organisation qu'il appelle Daech. Il commence par constater que l'État islamique a réussi à emporter l'adhésion de 6 000 Syriens au cours du seul mois d'août 2014, moment charnière de son histoire, puisque ces nouvelles recrues font basculer l'équilibre des effectifs de l'État islamique, auparavant composé en majorité de combattants étrangers, en une organisation à majorité syrienne. Voici les raisons telles qu'il les liste[1] :

« – la sauvagerie du comportement du régime depuis le début du soulèvement et les crimes commis par les milices confessionnelles qui coopèrent avec lui contre les Syriens depuis 2012 ;

– l'abandon de la révolution syrienne par l'Occident et le sentiment généralisé parmi les Syriens d'être les victimes d'un complot ;

– l'ordre, la planification, la discipline et la puissance de Daech, face à des révolutionnaires dépourvus des moyens de s'organiser ;

– les salaires considérables payés par le groupe à ses combattants, alors que l'Armée libre n'a jamais eu les moyens de le faire ;

– la fascination exercée par la force de

---

1. http://syrie.blog.lemonde.fr/2014/09/05/pas-de-mobilisation-populaire-en-syrie-contre-daech-sans-perspective-politique/

Daech et le succès de sa propagande qui se focalise sur l'héroïsme de commandos ne craignant pas la mort ;

– l'hostilité de la communauté internationale à l'égard des factions islamistes modérées et ses réserves face à la dimension islamique de la révolution syrienne ;

– l'exploitation par Daech de la corde confessionnelle et l'attirance exercée sur les plus enthousiastes par un discours religieux offrant une compensation à la faiblesse et à l'immobilisme de la Oumma. »

Il n'est pas anormal, enfin, tel l'écolier que j'évoquais pour ouvrir ce chapitre, que les populations, épuisées, profondément fragilisées par trois ans de répression féroce, aillent trouver refuge auprès du plus fort, celui qui montre les plus gros muscles et qui, si laid soit-il, donne l'impression d'être le plus en position de les protéger. Le chercheur Romain Caillet, basé à Beyrouth, décrit ainsi l'allégeance prêtée par des tribus syriennes à l'État islamique dans les régions de Jarabulus et de Raqqa[1] : « À Raqqa, certaines tribus désireuses de stabilité et convaincues que le régime de Bachar al-

---

1. Romain Caillet, « Échec de l'offensive de l'Armée syrienne libre contre l'État islamique en Irak et au Levant », *op. cit.*

Assad ne reviendra jamais se sont tournées vers
l'État islamique, parfois sans aucune considé-
ration idéologique. » Il cite en particulier le
cas des Afadila, qui sont passés sans transition
du camp du régime à celui de l'État islamique.
Cet instinct de survie tribal en dépit de toute
prise de position politique a parfois entraîné
de grands écarts invraisemblables. D'autres
tribus ont joué le pragmatisme et réparti leurs
membres entre tous les groupes armés présents. « Lorsque les combats ont éclaté à Raqqa
entre pro- et anti-État islamique, la plupart des
tribus de la ville ayant des fils dans les deux
camps les ont écartés du champ de bataille
pour éviter qu'ils ne s'entretuent, contraignant
le camp anti-État islamique de la ville à faire
appel à des combattants salafistes du Front
islamique d'Idlib et d'Alep, pour appuyer la
brigade des révolutionnaires de Raqqa alliée à
Jabhat al-Nosra. »

À Jarabulus, l'État islamique s'est servi
des rivalités tribales locales pour reprendre
le contrôle de la ville frontalière. L'histoire
ressemble au synopsis d'un film. D'un côté,
la tribu des Jays, séculière, d'abord fidèle
au régime avant de rallier l'Armée libre. De
l'autre, les Tayy, plus conservateurs, et dont
les membres ont prêté allégeance au Jabhat
al-Nosra avant de rejoindre l'État islamique.
La ville est libérée en juillet 2012, lorsque les

forces du régime abandonnent presque toutes leurs positions du Nord syrien pour se concentrer sur le « pays utile », face à une offensive de ramadan efficacement coordonnée. Les deux tribus concurrentes ont alors une légitimité égale pour prendre en charge les affaires de la ville : les Jays ont fourni à la rébellion l'un de ses officiers les plus prestigieux, mort au combat. Les Tayy, de leur côté, comptent parmi leurs membres l'un des imams les plus populaires de la ville, dont trois frères, au demeurant, sont morts en martyrs. Le meurtre d'un djihadiste étranger dans la ville a dégénéré et conduit à des affrontements entre les deux tribus. Soutenus par l'État islamique, ce sont les Tayy qui l'emportent et amènent à l'été 2013 cette ville stratégique dans le giron de celui-ci.

« À Jarabulus comme à Raqqa, et probablement dans d'autres villes, beaucoup d'habitants soucieux de voir revenir l'ordre et la sécurité dans leur ville s'accommodent, tant bien que mal, de la présence des combattants de l'État islamique », conclut le chercheur Romain Caillet, qui cite un habitant de la région : « Au début, mes parents étaient contre l'État islamique, mais aujourd'hui ils préfèrent encore leur attitude autoritaire à l'anarchie qui règne dans les endroits contrôlés par l'ASL (Armée syrienne libre). C'est vrai qu'avec l'ASL on était libre de faire ce que l'on voulait, mais, avec eux, la ville n'était pas sécurisée et l'on pouvait se faire enlever par des gangs du jour au lendemain. »

Alors que l'État islamique a jusqu'à présent très bien tiré son épingle du jeu tribal, il faudra faire preuve de la même intelligence de terrain si l'on souhaite trouver des relais locaux, qui acceptent de combattre l'État islamique, pour leur sécurité autant que pour la nôtre.

5

Qui tue qui ?
Mais, surtout, combien ?

L'Occident est obsédé par le risque sécuritaire incarné par les djihadistes. Mais ce sont les populations locales qui en sont les premières victimes. Et les principaux terroristes sont les forces du régime.

Il m'arrive parfois de m'emporter devant une caméra. Cette fois-ci, c'est à cause de la correspondante à Paris de la télévision publique finlandaise, qui, lors d'une interview, me pose la question fatidique : « Est-ce que vous n'avez pas peur du danger djihadiste ? Tout de même, il y a maintenant plus de mille Français impliqués dans le djihad en Syrie. N'est-ce pas un grand danger ? » Je suis resté un moment interdit, ne sachant que répondre. Puis je me suis énervé.

Au moment où j'écris ces lignes, un seul de ces Français djihadistes est revenu en Europe et est soupçonné d'avoir commis un attentat.

Il s'agit de Mehdi Nemmouche, qui est accusé d'avoir tué quatre personnes, dont deux juifs et un musulman, au Musée juif de Bruxelles. Il ne s'agit en aucun cas de nier le danger que font peser ces gens sur la sécurité de l'Europe. Juste de le relativiser. Voire de prendre le point de vue des Syriens et des Irakiens. Qui sont ces mille Français à leurs yeux ? Des criminels, des voyous, des produits des maux de notre société, que nous leur exportons et qui se défoulent dans leur escapade meurtrière. Même Mehdi Nemmouche, qui incarnerait notre cauchemar devenu réalité : combien a-t-il tué de personnes durant l'année qu'il a passée en Syrie ? Potentiellement bien plus que les quatre morts qu'on lui prête à Bruxelles. Et, en ce cas, sera-t-il un jour jugé pour ces victimes ? Y a-t-il au moins quelqu'un qui s'en soucie ?

Car, avant de se laisser obnubiler par le risque sécuritaire que les djihadistes, qui sont, rappelons-le, des produits de nos sociétés, font courir sur nous, il serait bon d'abandonner notre nombrilisme et d'imaginer quels sont les crimes commis par nos compatriotes en Syrie et en Irak. Des dizaines d'Occidentaux, dont des Français, ont revendiqué des attentats-suicides. Et combien de meurtres ? Combien d'actes de torture ? Comment peut-on être si chatouilleux sur notre sécurité tout en niant le droit des autres à vivre en sécurité ? C'est de ce type de double standard que se nourrit l'extrémisme.

Avec l'État islamique, l'indignation est d'autant plus facile que l'organisation met en scène ses crimes. L'exhibition médiatique de la violence fait partie de la logique de vengeance cathartique d'une part, et de terreur de l'ennemi de l'autre. Les décapitations, les crucifixions, les exécutions sommaires sont exhibées jusqu'à la nausée.

« L'État islamique ne commet pas, à mon sens, plus de violence, ni individuelle, ni collective, que les autres parties en conflit, notamment le régime syrien, expliquait le politologue François Burgat dans une interview à RFI[1] après l'annonce du meurtre du journaliste américain Steven Sotloff. Simplement, lui, il les intègre à sa politique de communication, alors que le régime syrien va nier ces violences et les faire porter aux parties adverses. L'État islamique s'en sert comme élément constitutif de sa communication. C'est la communication du faible. Quand on est en situation dominante, on n'a pas à essayer d'effrayer l'adversaire. »

D'après l'Observatoire syrien des droits de l'homme (OSDH), basé à Londres, l'État islamique a exécuté près de 1 500 personnes au cours des cinq mois qui ont suivi l'établisse-

---

1. François Burgat sur RFI, 3 septembre 2014.

ment de son califat. Parmi elles, on compte près de 900 civils, dont 700 membres de la tribu Shaitat, qui s'était opposée à lui, mais aussi une soixantaine de djihadistes concurrents, appartenant au Jabhat al-Nosra. Enfin, l'OSDH a compté près de 500 soldats du régime qui ont été tués, soit au combat, soit après avoir été faits prisonniers (un crime de guerre des plus courants sur le théâtre syrien).

Mon propos n'est surtout pas de réduire l'ampleur de ces crimes. Au contraire, en tant que victime de l'État islamique, on peut me prêter une légitimité particulière à dénoncer sa violence. Mais, pour six otages exécutés qui ont fait la Une de nos médias, combien de Syriens, d'Irakiens, torturés, tués ? Cette violence nous déborde. Nous sommes sans doute pris par un réflexe de protection et nous refusons de la voir. Mais il ne faut pas l'ignorer. Ayons au moins la décence de comprendre le dégoût des Syriens, qui, après plus de 300 000 morts, voient l'Occident ébranlé seulement par ses otages décapités. Ces derniers étaient mes amis et je porte leur deuil. Raison de plus pour que je ne puisse pas accepter que leur martyre soit instrumentalisé.

Au contraire, il convient de garder un sens des proportions et de s'attacher à l'ampleur des crimes. Ce qui fait ressortir une évidence :

le régime est à la fois l'instigateur de la violence et son principal perpétrateur. Le Réseau syrien des droits de l'homme (généralement désigné par son acronyme anglais de SNHR) a été fondé, dès le mois de mai 2011, afin de lister et de documenter précisément les victimes de la répression. La révolution était alors joyeuse et pacifique, imaginative et bon enfant, les manifestations se déroulaient dans une atmosphère de kermesse, les contestataires s'amusaient presque à l'époque à déjouer les coups de filet de la police politique. Mais la répression n'a cessé de se durcir et il ne s'est bientôt plus du tout agi d'un jeu. Depuis les débuts de la contestation, le SNHR a compilé des dizaines et des dizaines de milliers de rapports de morts, de détentions, d'actes de torture ou de violences sexuelles. Sa méthodologie, publiée sur son site Internet[1], est très stricte : sa principale limite ne relève pas du fait que des cas auraient pu être inventés, mais que beaucoup d'entre eux n'ont en fait pas été retenus dans ses calculs parce qu'ils n'étaient pas suffisamment étayés. C'est pour cette raison que Fadel Abdul-Ghany, président et fondateur du SNHR, admet avoir très peu d'informations sur les pertes dans les rangs du régime ou de l'État islamique, « parce que

1. http://sn4hr.org/

nous n'avons pas de sources à l'intérieur de ces groupes. Par contre, les informations que nous avons sur les victimes que nous recensons sont très complètes, avec leur nom, leur âge, leur profession [...]. On a fait une vraie formation à distance des gens qui travaillent pour nous dans l'ensemble des provinces. Ils sont en relation avec les comités locaux. Certains des correspondants qui travaillent pour nous ont plus de 3 000 contacts sur leur compte Skype ! Mais on va toujours vérifier l'info et demander des preuves, si possible des photos[1] ».

Les évaluations les plus crédibles font certes aujourd'hui état de plus de 300 000 tués depuis le début du soulèvement, mais aussi du même nombre de disparus, prisonniers politiques, otages ou autres, jetés dans des culs-de-basse-fosse. Un grand nombre de ces disparus sont probablement déjà morts. Il est malheureusement probable que la plupart de ces détenus ne sortiront jamais. Au final, il n'est sans doute pas déraisonnable de considérer que le bilan total du conflit s'élèvera sans doute au moins au double de ce qui est déjà admis. Le SNHR n'a ainsi pu dresser la liste que de 5 600 civils morts sous la torture, alors que les photos de « César » montrent les corps de 11 000 personnes différentes, mortes dans seulement

---

1. Entretien avec l'auteur.

deux centres de détention de Damas. Mais, pour la plupart, les noms manquent. Ou alors les victimes n'ont pas été reconnues par des proches et sont encore comptabilisées comme disparues.

Fin septembre 2014, le réseau publiait un compte rendu de l'ensemble des victimes du conflit qu'il pouvait confirmer jusqu'à présent[1]. « On s'est rendu compte que le régime a tué 150 fois plus de civils que l'État islamique ! » s'exclame Fadel Abdul-Ghany. En l'occurrence, 125 000 victimes du régime, contre moins de 850 de l'État islamique[2]. Une différence qu'il convient de pondérer par trois éléments importants : d'une part, le régime tue depuis le début de la révolution, alors que l'État islamique n'est apparu sur la scène syrienne que depuis avril 2013. Ensuite, on peut considérer que le SNHR a un meilleur accès aux victimes du régime qu'à celles des djihadistes. Enfin, il s'agit d'un décompte des seules victimes civiles, et l'on peut imaginer que l'État islamique tue une proportion plus importante de militaires, alors que le régime concentre sa

---

1. http://sn4hr.org/blog/2014/09/22/169/
2. À l'été 2015, le SNHR publiait une actualisation de ses chiffres : depuis le début du soulèvement, 96,3 % des civils tués l'ont été par le régime de Bachar al-Assad, contre seulement 0,8 % par l'EI.

répression sur les civils. Mais ces trois réserves, si elles réduisent sûrement la proportion, ne contredisent pas cette conclusion : les forces de sécurité syriennes sont aujourd'hui de très loin les principaux meurtriers et demeurent la menace essentielle pour la population syrienne. C'est le ressenti des Syriens et aucune solution politique ne peut être trouvée qui ne répondrait pas à cette peur et à cette demande de protection.

« C'est le droit des gens d'être protégés, d'être en sécurité, clame Fadel Abdul-Ghany. Personne ne les protège, et la guerre et les tueries se poursuivent. » Le militant des droits de l'homme pointe l'incohérence des discours de l'Occident sur la protection des civils, alors que ce dernier ne frappe que l'État islamique et ignore les crimes du régime. « Se concentrer sur l'État islamique, c'est tourner le dos à ses responsabilités, mais aussi à la mise en œuvre de réformes et de vraies mesures. Ce que le régime a commis est un nettoyage ethnique. Si une telle violence arrivait dans n'importe quel pays, par exemple en France, et que le monde entier regarde et condamne sans rien faire, bien sûr qu'il y aurait une partie de la population qui deviendrait extrémiste et se mettrait à commettre des crimes en retour. Je crains même l'apparition de groupes encore plus extrémistes que l'État islamique. »

Le régime connaît très bien notre obsession des djihadistes et en joue parfaitement. Est-ce un hasard si chaque orgie barbare organisée par l'État islamique s'accompagne d'un redoublement de violence de l'armée ? Les faubourgs d'Alep n'ont jamais été autant bombardés que les jours de publication de vidéos de décapitation d'otages. Au moment où le monde découvrait la tête de Peter Kassig, humanitaire converti à l'islam, dont le principal tort aura sans doute été d'avoir trop confiance, on trouvait dans un charnier des environs de Homs les corps de 381 personnes, hommes, femmes, enfants, habitants du quartier de Baba Amr, exécutés par les milices du régime. Mais eux, qui en a parlé ? Aussi longtemps que le péril djihadiste nous obnubile, l'attention médiatique est occupée ailleurs. Et le régime gaze et torture de plus belle.

La torture, parlons-en. Depuis l'époque de Hafez al-Assad, la Syrie s'est illustrée comme étant l'un des pays au monde où son usage est le plus fréquent. Bassam al-Ahmad est l'un des responsables de l'ONG Violations Documentation Center in Syria (VDC), qui a publié plusieurs rapports sur les violences commises très régulièrement à l'encontre des prisonniers. « Nous avons documenté près de 57 000 cas de prisonniers, et 2 300 cas de disparus, expliquet-il. Il y a des centaines de centres de détention rien qu'à Damas. Il y a en Syrie quatre divisions des services de sécurité, et chacune a un réseau de prisons secrètes. Plus de 90 % des prisonniers dont nous avons eu connaissance ont été torturés[1]. » Bassam al-Ahmad, lui-même détenu pendant trois mois au printemps 2012, s'avoue chanceux de n'avoir subi que ce qu'il qualifie de « torture légère ».

Le VDC a publié en novembre 2013 un rapport glaçant[2] sur les tortures pratiquées dans deux centres spécifiques de Damas, rattachés au renseignement militaire. Ce compte rendu note que, alors que la révolution entrait dans sa troisième année, le régime continuait d'inventer de nouvelles méthodes destinées à briser les corps et les volontés de ses détenus. Dans les deux centres étudiés par l'ONG, des milliers de corps de personnes décédées sous la torture ont été sommairement inhumés. Le document cite en particulier un activiste humanitaire, Mohammed Moustapha Darwich, qui a été arrêté au sud de Damas alors qu'il était en train d'apporter de l'aide à des déplacés. Moustapha est conduit à la Branche 215, surnommée « branche de l'enfer ». Une cel-

---

1. Entretien avec l'auteur.
2. http://www.vdc-sy.info/index.php/en/reports/1384453708

lule collective de six mètres sur vingt, au deuxième sous-sol, qui avait autrefois servi de salle d'entraînement au tir. À l'intérieur, il se trouve en compagnie d'environ 440 autres détenus. Cette pièce était une cellule de conditionnement, avec de longues séances de flagellation collective. Aucun interrogatoire à ce stade, aucune mise en cause ni personne pour expliquer les raisons de l'arrestation. Juste un sas : il reste là une semaine pour être « mis en condition ». À la sortie, Mohammed se fait surnommer par ses co-détenus *Abou Zreik*, « le bleu ». Il n'est déjà que tuméfaction. Il est ensuite conduit dans une salle d'interrogatoire individuelle, totalement nu, à l'exception d'une petite bande de tissu qui lui recouvre les yeux. L'interrogateur, qui se présente comme un officier de haut rang, le roue de coups et l'insulte. Puis il l'accuse d'avoir été en possession de « matériel terroriste ». On lui laisse deux jours de répit avant de le faire revenir dans cette même salle. Là, on note l'ensemble de ses informations personnelles avant de commencer la torture. Un long tunnel de sévices qui dure quatre jours sans interruption, par quatre agents qui se relèvent en continu. Pendant le reste de la détention, Mohammed subit principalement des coups, de longues périodes de « suspension », dont trois jours pendu au plafond par un pied, différents types de suffocation, notamment avec un sac plastique. Il doit passer des jours et des heures dans ses excréments, presque sans nourriture. Les gardes avaient aussi mis en place un « supplice de la bicyclette », avec un pignon de vélo fixé à un mur, qui lacère longuement le dos des détenus. Au terme de sa détention, Mohammed a fini par reconnaître toutes les accusations portées contre lui.

Un autre rapport que l'ONG de Bassam al-Ahmad a produit concerne l'usage répété par le régime des armes chimiques[1], malgré les engagements qu'il a pris dans le cadre de l'accord de désarmement qui a suivi l'attaque de la Ghouta en août 2013. Certes, pour éviter de provoquer trop ouvertement la communauté internationale, le régime a depuis cette date principalement utilisé le chlore, dont la qualification d'arme chimique est plus sujette à débat. Reste que l'usage d'armes chimiques demeure presque quotidien, à petite échelle, mais au défi du droit international et des engagements de Damas. Malgré tout, l'activiste des droits de l'homme refuse de polémiquer. « Certes, si vous ne regardez que les chiffres, le régime est bien plus meurtrier. Mais, en tant que défenseurs des droits de l'homme, nous

---

1. http://www.vdc-sy.info/index.php/en/reports/1400970048

regardons les actes. Pour nous, tout crime est un crime[1]. »

Donatella Rovera, conseillère spéciale d'Amnesty International sur la réaction aux crises, qui s'est rendue de nombreuses fois en Irak et en Syrie ces dernières années pour enquêter sur les violations des droits de l'homme, ne dit pas autre chose. Elle souhaite souligner que, comme dans tout conflit, des crimes sont commis par toutes les parties en présence, et sans épargner les « modérés » : « Les faits sont toujours importants. Il est clair qu'il y a plus de morts de la part du régime parce que le régime utilise les bombardements aériens, qui tuent par familles entières. Mais j'ai aussi eu des discussions très longues avec l'opposition, dès le début de la révolution, sur la militarisation du conflit et le fait d'accepter les "bavures", comme ils les appellent. Il y avait même parmi les modérés, très tôt, des pratiques très violentes et totalement inacceptables, tels la torture ou des assassinats de masse, comme l'élimination de la famille Berri au moment de la chute d'une grande partie d'Alep[2]. »

Si la violence est générale et le meurtre toujours inacceptable, on ne doit pas négliger le nombre de victimes.

---

1. Entretien avec l'auteur.
2. Entretien avec l'auteur.

6

Syrie, Irak :
deux pays, mais un destin

Les crises irakienne et syrienne sont liées.
Toute politique visant à les « traiter » séparé-
ment est vouée à l'échec.

On pourrait presque dater l'acte de naissance
de l'État islamique à février 2003. Ce jour-là, à
la tribune du Conseil de sécurité des Nations
unies, c'est un Colin Powell en verve qui est
envoyé au front par George Bush, avec pour
mission de présenter au monde les « preuves »
de la culpabilité de Saddam Hussein, justifiant
l'urgence de son renversement. Parmi les trou-
vailles de Colin Powell, et Dieu sait qu'il y eut
des perles présentées ce soir-là au vénérable
auditoire, figure un « chaînon manquant » :
l'homme qui constitue le lien entre Oussama
Ben Laden et Saddam Hussein. Celui qui permet donc, grâce à la remarquable élasticité rhétorique de l'Amérique bushiste, de lier l'Irak
à la « guerre mondiale contre le terrorisme ».

Cet homme s'appelle Abou Moussab al-Zarqaoui. Passons sur les erreurs factuelles, le fait est que Zarqaoui entretient en réalité avec Ben Laden des relations beaucoup plus conflictuelles que complices. Oublions aussi qu'il n'a rien à voir avec Saddam puisqu'il se cache dans la région de Souleimaniya, une province autonome kurde qui échappe alors à toute autorité de Bagdad. Voici comment, à seule fin de « personnaliser » la guerre contre le terrorisme, de la rendre plus « vendable » aux opinions publiques en lui donnant, médiatiquement, un visage, voici comment, donc, le secrétaire d'État américain a créé une légende et a transformé un djihadiste de second rang, tout à fait marginal dans l'organigramme mondial d'al-Qaeda, en un challenger très efficace d'Oussama Ben Laden. Challenger puissant au point de créer une organisation, l'État islamique, qui est probablement à l'heure actuelle la principale menace pour al-Qaeda.

Il convient, pour comprendre l'imbrication des crises, de revenir sur l'histoire de l'Irak depuis son invasion et, en particulier, sur sa gouvernance et sur l'historique de la résistance à cette invasion. Pour les États-Unis, l'occupation de l'Irak part mal. Pendant que d'autres médias péroraient sur les forces de l'armée irakienne, j'insistais dans mes reportages sur l'épuisement des civils. La société irakienne, durement éprouvée par plus de deux décennies de guerres et de sanctions, était prête à s'effondrer[1]. Saddam s'en rendait bien compte, qui avait appelé, dans les derniers mois de son règne, les musulmans du monde entier à venir se battre contre l'envahisseur.

Le djihadisme n'existait pas en Irak avant que les États-Unis ne le menacent. Mais, à partir du 7 avril 2003, je ne vois plus dans les rues de Bagdad aucune trace du régime irakien. Les seuls combattants qui tentent encore, tant bien que mal, d'empêcher l'entrée des GI's, harcelant les chars au RPG, jouant à cache-cache dans les rues désertées et dans les roseaux des berges du Tigre, sont les djihadistes – des Syriens, déjà, mais aussi des Palestiniens, des Yéménites, des Égyptiens…

Ils me reçoivent sans crainte et me laissent les accompagner au combat. À partir du 8 avril, je m'étonne de les voir tirer des deux côtés. Une rafale sur les Américains qui entrent en ville, une rafale sur des pick-up, chargés d'Irakiens. Je comprends que ces pick-up transportent des chiites, lesquels commencent à piller. Premières failles communautaires. Puis je me retrouve place Ferdous, là où s'érigeait

---

1. On le constate dans le documentaire *Tonnerre roulant sur Bagdad* (Arte, 2013), que j'ai tourné avec Jean-Pierre Krief.

la fameuse statue de Saddam Hussein, que des dizaines d'Irakiens commencent à assaillir, bientôt rejoints par des militaires américains et leur grue blindée. Je suis intrigué par les cris, les clameurs de la foule. Il me semble distinguer le prénom d'Ali. Je demande à un Irakien de bien m'expliciter ce que scandent les personnes attroupées. « Nous n'oublierons jamais l'imam Ali ! » me répond-il, invoquant l'un des personnages les plus révérés du chiisme. Je n'y crois pas, lui demande de répéter, mais c'est bien cela, j'avais bien entendu. Pendant que les reporters du monde entier s'enthousiasment sur l'euphorie des Irakiens, qui célèbrent prétendument la fin de la dictature et l'arrivée de la démocratie, je reste ébahi. Et je pense au désastre à venir. Comment évitera-t-on que tout cela ne se transforme en une vaste vengeance communautaire ?

Aux États-Unis, au même moment, pris au dépourvu au détour d'une interview télévisée, George Bush avoue ne pas connaître la différence entre sunnites et chiites. Une ignorance crasse, mais révélatrice. La donne communautaire a été largement ignorée par les Américains, aussi bien dans l'appareil militaire et de renseignement que dans l'administration civile, la CPA (Coalition Provisional Authority), totalement idéologisée et déconnectée des réalités, sous la direction d'un Paul Bremer méprisant.

Le seul Américain à avoir senti qu'il y avait un jeu à jouer entre les communautés irakiennes est sans doute David Petraeus, commandant de la 101ᵉ aéroportée et, à ce titre, en charge des troupes d'occupation de Mossoul[1]. Lecteur attentif du stratège français David Galula, qui a théorisé la guerre contre-insurrectionnelle à l'occasion de la guerre d'Algérie, le général veut s'inspirer de ce qu'il y a de mieux dans l'expérience coloniale française. Au cours des années 1920, la République française, toute laïque et séculaire qu'elle prétendait être, avait institutionnalisé les divisions ethniques et communautaires en Syrie et au Liban pour installer son pouvoir mandataire. Petraeus, donc, applique son héritage colonial français en mettant en place un conseil local de Mossoul basé sur le découpage communautaire de la ville. Une assemblée de 24 membres reflétant la composition ethnique de la région : Arabes sunnites, Kurdes, Turkmènes, chrétiens, yézidis. La presse encense son idée, considérée comme géniale. « Enfin un qui a compris la donne ethnologique de l'Irak ! » peut-on entendre. Il n'a en fait qu'inoculé un peu plus le poison communautaire dans le corps social irakien.

---

1. Il a ensuite été nommé commandant en chef des troupes américaines en Irak, puis directeur de la CIA.

L'occupant américain n'échappe pas à la malédiction qui veut que, au Moyen-Orient, l'Occident fabrique par ses erreurs son propre ennemi. En l'occurrence, deux décisions précoces du proconsul Bremer signent l'acte de naissance de l'insurrection irakienne, sous la forme de décrets coloniaux, des *executive orders*.

Executive order numéro un : dissolution du parti Baath, et exclusion de l'administration de tous ses membres. *Executive order* numéro deux : démantèlement de l'armée irakienne. La débaassification, si elle répondait à une nécessité compréhensible de renouveler les élites irakiennes après la dictature de Saddam Hussein, poursuivait en fait des visées népotistes. Elle cherchait surtout à placer au sein de l'appareil d'État une nouvelle classe proche des nouveaux dirigeants, presque tous issus de la diaspora, revenus au pays dans les bagages de l'envahisseur. Elle a surtout été beaucoup trop large, mettant au chômage énormément de fonctionnaires qui n'avaient fait preuve d'aucune loyauté particulière envers le régime déchu mais qui, par leur expérience, étaient nécessaires au bon fonctionnement de l'État.

Le démantèlement de l'armée a aussi jeté l'opprobre sur une élite militaire, largement sunnite, associée de façon générale à des crimes de guerre alors même qu'elle ne s'était dans l'ensemble pas battue au moment de l'arrivée des troupes américaines et britanniques dans Bagdad. Renvoyés sans honneur, les militaires se sont retrouvés chez eux, désœuvrés, au moment même où l'Irak était soumis à un défi majeur en matière de sécurité avec des pillages de grande ampleur qui ont détruit une grande partie de l'infrastructure publique, des sièges des ministères aux lignes à haute tension dont le métal était revendu au marché noir.

Dans la brutalité de ces premières semaines de l'occupation naissent les premiers réseaux qui vont donner naissance à la résistance irakienne. Apprenti sorcier, l'occupant a trouvé la recette d'un cocktail explosif islamo-baathiste. Les attaques se multiplient. D'abord, elles sont classées au rang d'incidents par l'armée américaine. Une attaque à la grenade contre une patrouille ici. Des coups de feu essuyés là. La guérilla change d'ampleur avec l'attentat à la voiture piégée contre l'ambassade de Jordanie début août 2003, puis surtout après celui qui frappe le siège des Nations unies le 19, entraînant la mort de l'envoyé spécial de Kofi Annan, le diplomate brésilien Sergio Vieira de Mello. L'action meurtrière est revendiquée par Abou Moussab al-Zarqaoui. Dans la foulée, l'ONU retire l'essentiel de son personnel expatrié et réduit drastiquement ses opérations.

En octobre, c'est au tour de la délégation du Comité international de la Croix-Rouge d'être visée par une attaque. À partir de ce moment-là, les insurgés ont réussi leur pari. La communauté internationale a largement déserté Bagdad pour des raisons de sécurité, ou alors se terre dans des bunkers. Ils sont parvenus à créer un vide autour de l'occupant militaire ; désormais, ils se retrouvent en face-à-face. La guerre peut commencer.

C'est au printemps 2004, alors que la coalition se prépare à célébrer le premier anniversaire de l'invasion, à dissoudre la CPA et à céder une partie de son pouvoir à un premier gouvernement provisoire irakien que l'insurrection s'enflamme. Le meurtre d'employés de la société de sécurité américaine Blackwater, et surtout l'humiliation causée par la mutilation des corps et leur exhibition, entraînent les États-Unis dans le siège meurtrier de Fallouja. Dans le même temps, les miliciens de l'Armée du Mehdi, le mouvement chiite populaire et radical de Moqtada al-Sadr, ouvrent un second front. Plusieurs Occidentaux sont pris en otages – certains sont assassinés. Abou Moussab al-Zarqaoui met en place la stratégie qui deviendra celle de l'État islamique.

Sur le plan politique, les sunnites tombent dans le piège de la non-participation. Ils ne supportent pas leur déchéance, la violence des exclusions de l'armée et du parti Baath, et décident de boycotter les premières élections. Une erreur majeure, puisqu'ils contribuent à leur marginalisation, qui va elle-même alimenter l'insurrection. La résistance est également nourrie d'une longue liste de frustrations : lenteur épuisante de la reconstruction, qui donne lieu à une gabegie de corruption d'une ampleur rare, sectarisme violent des forces de sécurité, qui torturent jusque dans les sous-sols d'un ministère de l'Intérieur pourtant rempli de « conseillers » américains, à un manque de perspectives, alors que l'économie reste à l'arrêt et que les Irakiens sont habitués à ce que l'État soit un grand pourvoyeur d'emplois.

En l'espace de quelques années, l'Irak connaît une véritable descente aux enfers. À la résistance « classique » à l'occupant vient s'ajouter un mouvement plus radical, plus violent et surtout farouchement anti-chiite. L'influence de la branche irakienne d'al-Qaeda, menée par Abou Moussab al-Zarqaoui, s'affirme. Les troupes américaines, retranchées, fortement blindées, répondant vivement à chaque attaque, ne sont pas ses principaux objectifs. À la place, les hommes de Zarqaoui préfèrent frapper des cibles civiles, principalement chiites, afin de semer un chaos qui conduise à davantage de répression, dans le but de provoquer une spirale de violence propre à plonger la population dans le désarroi. Zarqaoui n'envoie pas tant d'obus de mortiers contre les bases américaines qu'il ne lance ses voitures piégées exploser sur les marchés, dans les quartiers populaires chiites, afin d'attiser les haines communautaires. Avec un succès inespéré.

L'attentat qui frappe la mosquée al-Askari, le grand mausolée chiite de Samarra, le 22 février 2006, déclenche des représailles à grande échelle. L'Irak bascule dans la guerre civile. L'armée américaine, désemparée, renonce à s'interposer et se contente de multiplier les constructions de murs urbains. Le paysage de Bagdad, de ses faubourgs et de nombreuses grandes villes irakiennes se retrouve lézardé, parcouru de « T-walls », hauts murs de béton de quatre mètres de haut séparant les quartiers, les différentes communautés. Les Américains se fortifient. Le gouvernement irakien, retranché dans les ors de la zone verte à Bagdad, se retrouve coupé des réalités du pays. Al-Qaeda est en train de réussir son pari.

Puis vient le *surge*, la déferlante imaginée par David Petraeus, à qui un George Bush à court de solution confie le commandement du corps expéditionnaire en Irak. L'idée est d'appliquer un traitement de cheval : des renforts importants sont envoyés en Irak, où les effectifs militaires atteignent 150 000 soldats.

Ces renforts, consacrés presque exclusivement aux deux seules provinces de Bagdad et d'al-Anbar, sont destinés à casser les structures de l'insurrection et à disposer de suffisamment de troupes pour pouvoir s'interposer et prévenir les tueries interconfessionnelles, afin de fournir à terme les conditions qui permettront un désengagement complet et couronné de succès du contingent américain. Plus que l'envoi de renforts, c'est le second volet du plan de David Petraeus qui a produit les résultats les plus visibles : des accords sont trouvés avec des tribus locales, par l'entremise de leurs cheikhs, lesquelles sont officiellement payées pour lutter contre al-Qaeda. Dans la pratique, il s'agit en grande partie de groupes qui appartenaient à la résistance et que voici percevant désormais un salaire de leur ancien ennemi pour cesser de le combattre ! C'est là une technique de guerre audacieuse, qui montre que l'insurrection disposait d'une base politique faible : ses motivations étaient en grande partie économiques. Dans un Irak où la population était habituée à une répartition de subsides par l'État, la libéralisation de l'économie imposée par l'occupant, puis la marginalisation des sunnites opérée par le gouvernement, avaient privé les gens de ressources. La mise en place de ces *sahwas*, mot arabe désignant ces « conseils du réveil » de miliciens sunnites, a eu un effet radical sur al-Qaeda, dont les effectifs et l'empreinte sur le terrain ont fondu comme neige au soleil. C'est en tout cas une innovation doctrinale de l'armée américaine que d'avoir pris conscience que, lorsque l'on a un adversaire coriace, on peut certes le combattre, mais aussi… le payer. Et la seconde solution s'avère parfois moins onéreuse !

J'ai eu de nombreuses occasions d'accompagner les troupes américaines lors d'*embedments* (reportages embarqués) en Irak entre 2008 et 2011. J'y ai croisé des soldats souvent de bonne volonté, quoique fréquemment naïfs, souvent désabusés et, en général, en complet décalage avec les réalités du terrain. L'une de leurs tâches était de former des soldats irakiens qui n'avaient pas besoin de formation. L'instruction militaire n'est pas ce qui fait le plus défaut à l'armée irakienne. Ce qui lui manque le plus, c'est l'allégeance à l'État, l'engagement à défendre une quelconque nation. Au point qu'il est presque abusif de parler d'armée irakienne, tant ce corps peut être mieux défini comme un amalgame de miliciens formé sur des bases confessionnelles. Cette armée demeure, dix ans après sa reconstruction, un grand patchwork hétéroclite de milices chiites et kurdes. Et, au moment où les derniers *boys* quittaient l'Irak, je me suis retrouvé surpris par la capacité des Irakiens à s'occuper eux-

mêmes. Policiers et soldats irakiens sont devenus occupants de leur propre pays. Ils ont pris
la place de la coalition dans les rues, mais avec
les mêmes tenues, les mêmes équipements, et
surtout les mêmes comportements. Ces forces
de sécurité prennent un malin plaisir à singer
en tout point l'accoutrement, les manières et
même les tics de comportements de l'armée
américaine.

Comme ils avaient autrefois délaissé leurs
alliés en Afghanistan après le départ des
Soviétiques, les États-Unis se lavent largement
les mains de l'Irak après leur départ. Ce qui
importe, pensent-ils, c'est qu'Obama a tenu sa
promesse de ramener les *boys* au pays. Pour la
Maison-Blanche, il n'y a que cela qui compte.
Mais le départ des troupes aura été à l'image
de l'invasion et de l'occupation : bâclé. Les
sunnites, qui s'étaient tellement opposés à
l'occupation, voient partir les troupes avec un
pincement au cœur. Ils finissent par prendre
conscience que la politique américaine formait
somme toute un contrepoids utile face à un
Nouri al-Maliki autoritaire et sectaire. En 2010,
le Premier ministre relance la débaassification,
dont le secrétariat d'État avait obtenu la suspension, afin de disqualifier des concurrents
aux élections. La mesure vise en particulier à
affaiblir la liste intercommunautaire al-Iraqiya.
Après les élections, il refuse de partager le pou-

voir, accaparant les portefeuilles de la Défense
et de l'Intérieur. Surtout, il défait méthodi-
quement le principal héritage laissé par les
Américains : les *sahwas*. Le contrat de départ,
lorsque l'armée américaine les avait recrutées,
impliquait qu'elles étaient payées dans un premier temps directement par le contribuable
américain. Mais le processus devait être via-
bilisé avec l'intégration de la plupart de ces
miliciens anti-al-Qaeda au sein des forces de
sécurité irakiennes. L'emploi d'un million de
sunnites devait ainsi être pérennisé. Évidemment, Maliki n'entend pas redonner de poids
aux sunnites au sein de son appareil sécuritaire,
ni trop partager les ressources de l'État au-delà
de sa communauté. La plupart des membres
des *sahwas* sont remerciés. Presque dix ans
après le démantèlement de l'armée irakienne,
la démobilisation de fait des *sahwas* provoque
des conséquences similaires : marginalisés, les
sunnites s'isolent sur l'échiquier politique et se
laissent tenter par la reprise de la lutte armée
et des pratiques mafieuses.

Le journaliste franco-irakien Feurat Alani
décrit très bien l'isolement croissant de Maliki,
qui s'enferme dans son autoritarisme sectaire.
« Comme il se méfie des sunnites, il les a écartés du pouvoir. Mais comme il se méfie aussi
du parti sadriste chiite populaire, il a tenté de
jouer la carte nationaliste, mais cela ne fonc-

tionne toujours pas, car les Kurdes en ont peur. Alors, il use de la force pour rester en place. Seul contre tous[1]. »

L'avènement du Printemps arabe prend à Bagdad une résonance toute particulière. Ici aussi, les jeunes ont des aspirations démocratiques, nourries par des échanges intenses sur les réseaux sociaux. La nouvelle génération souhaite également se libérer du communautarisme. Mais Maliki réagit avec despotisme. Il brandit son arsenal de lois antiterroristes pour museler la contestation : les opposants sont arrêtés et emprisonnés en vertu de l'état d'urgence, plusieurs sont condamnés à mort, certains déplacements dans le pays sont soumis à autorisation, les médias étrangers ont l'interdiction de se rendre dans la province d'al-Anbar. Les manifestations prennent de l'ampleur et, comme on pouvait s'y attendre, sont réprimées par les forces de l'ordre. Les manifestants des tribus de l'Ouest irakien, qui ont parfois fait partie des *sahwas* mais condamnent l'attitude confessionnelle de Maliki, sont dispersés par des tirs.

Se déclenche alors un phénomène connu,

---

1. Cité par Warda Mohamed, « Constat d'échec en Irak », OrientXXI.info, 1ᵉʳ novembre 2013. Lire aussi Feurat Alani, « Irak-Syrie, mêmes combats », *Le Monde diplomatique*, janvier 2014.

terriblement prévisible : les démocrates se retrouvent écartés, l'opposition se radicalise et s'arme, puis défie le pouvoir et le menace à Ramadi et à Fallouja. Les sunnites « confessionnalisent » leur contestation, s'opposant au soutien qu'apporte Nouri al-Maliki à la répression de la révolution syrienne, au nom de la solidarité chiite. Le gouvernement laisse passer des miliciens en Syrie, qui assistent l'armée et la police syrienne, dans leur lutte contre les révolutionnaires. Beaucoup d'entre eux appartiennent à Asaib Ahl al-Haq et sont des partisans de Moqtada al-Sadr. Courant 2013, la répression se durcit et Maliki finit par agir « à la Bachar » : des hélicoptères de l'armée irakienne, une armée que les Américains prétendaient avoir reconstituée selon des principes de démocratie, respectueux des droits de l'homme, entreprennent de bombarder des zones civiles avec des barils de TNT. Exactement comme le font les hélicoptères syriens à Alep ou dans les faubourgs de Damas.

C'est dans ces circonstances que l'État islamique décide, au printemps 2013, de lancer une OPA sur le Jabhat al-Nosra. Un jeune djihadiste européen qui faisait partie de mes geôliers s'était évertué à m'expliquer la légitimité de cette opération, soutenant que le Jabhat al-Nosra n'était qu'une émanation de ce qui était à l'époque l'État islamique en Irak, et que la fusion n'avait été lancée qu'au moment où Abou Mohammed al-Jolani, l'émir de la franchise officielle d'al-Qaeda, avait affiché trop haut son intention de prendre le large.

Mais le conflit entre Abou Bakr al-Baghdadi et Jolani, qui finit par en appeler à Ayman al-Zawahiri, lequel lui donne raison, montre qu'il s'agit d'une compétition entre deux groupes beaucoup plus concurrents que partenaires. D'ailleurs, au moment où le divorce se profile, et alors qu'à partir du mois de mai les émirs locaux d'al-Nosra sont appelés soit à renouveler leur allégeance à Jolani, soit, au contraire, à rejoindre l'État islamique, les deux mouvements cherchent à faire bonne figure. Mais un divorce, dans une famille conservatrice, fait toujours désordre. Les deux anciens partenaires finissent sans surprise par se déchirer autour du partage des biens communs, ce qui les conduit à s'affronter militairement durant l'hiver. Aujourd'hui, les relations entre le Jabhat al-Nosra et l'État islamique sont toujours complexes. Elles se résument d'une façon générale à un rapport de concurrence, avec ponctuellement des combats, mais aussi ici et là des alliances. Comme toujours, comme partout, ce sont au moins autant les circonstances de terrain qui dictent les comportements que les consignes d'état-major.

On ne présente plus guère Abou Bakr al-
Baghdadi, qui a déjà fait l'objet de nombreux
articles dans les médias. On le pense né à
Samarra, au nord de Bagdad, en 1971. Il aurait
été diplômé d'études islamiques à l'université
de Bagdad. Il a dirigé le comité juridique du
Conseil de la shura des moudjahidines, une
coalition de groupes insurgés islamistes irakiens. Ce que l'on retiendra surtout de son
parcours, c'est son incarcération à Camp
Bucca, l'un des principaux camps de détention militaires américains, situé dans le désert,
à la frontière irako-koweïtienne[1]. Les informations disponibles (on devrait presque parler de rumeurs tellement les sources ouvertes
sur le personnage sont ténues) font état soit
d'une incarcération entre les mois de février
et décembre 2004, soit de 2005 à 2009. Quelle
que soit la réalité, plusieurs membres de l'état-
major de l'État islamique seraient ainsi des

---

1. Michael Weiss et Hassan Hassan (*Op. cit.*) citent
le major général Doug Stone, en charge du camp, qui se
souvient que « les takfiris étaient particulièrement bien
organisés (...) En fait, l'une des cellules étaient surnom-
més Camp Califat ! Si vous cherchez à constituer une
armée, la prison est un excellent endroit pour le faire.
On leur a donné des soins médicaux et dentaires, on les
a nourris et surtout, on les a empêchés de se faire tuer
au combat. Qui a besoin d'un abri dans la province d'al-
Anbar quand il y a une prison américaine à Bassora ? »

« vétérans » de Camp Bucca. J'ai pu constater que nombre de djihadistes que j'ai rencontrés ont connu des épisodes d'incarcération. Même l'un des principaux émirs en charge de ma captivité, un Irakien, se prévalait d'une détention pendant ses années de guérilla anti-américaine. Un autre geôlier prétendait même avoir été emprisonné pendant des années à Guantanamo. Les prisons du régime syrien, comme les camps d'internement de l'armée américaine en Irak, auront finalement constitué pour beaucoup une très bonne « Jihad academy ».

L'événement qui change la donne est la chute de larges pans du territoire irakien aux mains de l'État islamique. La conquête de Mossoul, qui tombe en quelques jours après la déroute de l'armée, est un électrochoc. Ned Parker, correspondant à Bagdad de l'agence Reuters, et peut-être le journaliste occidental qui a passé le plus de temps en Irak depuis l'invasion, raconte dans une longue enquête[1] la bataille pour la métropole du Nord irakien : « Alors que les combattants de l'État islamique fonçaient sur Mossoul avant l'aube de ce 6 juillet, les djihadistes espéraient tout au plus prendre un quartier pour quelques heures, m'a

---

1. Ned Parker, Isabel Coles, Raheem Salman, « How Mossul fell – An Iraqi general disputes Bagdad's story », Reuters.com, 14 octobre 2014.

rapporté plus tard un ami à Bagdad. Ils ne
s'attendaient pas du tout à ce que le contrôle
de l'État s'effondre. C'est par centaines qu'ils
ont pénétré dans cinq districts, et ils allaient
en quelques jours constituer une force de
2 000 combattants, accueillis par les sunnites
en colère habitant la ville. » Après quelques
jours de combat, les militaires paniquent et
prennent la fuite en abandonnant derrière eux
leurs armes et même leurs uniformes, afin de
pouvoir quitter la ville sans être inquiétés.

Feurat Alani a très bien décrit la réaction
de la population de Mossoul[1]. Tous n'ont pas
accueilli, rapporte-t-il, l'arrivée des djihadistes
en leur jetant des fleurs. Mais presque tous
ont accompagné la fuite des forces de sécurité
irakiennes en leur envoyant des cailloux. Plus
qu'une adhésion aux thèses de l'État islamique,
c'est par exaspération que les populations
locales ont permis à l'organisation de s'installer. À Mossoul, comme à Ramadi ou à Fallouja,
comme dans les grandes villes syriennes, on
retrouve ce même sentiment de la population
d'être occupée par les forces de sécurité de son
propre pays. La défaillance de l'armée et de
la police irakiennes est aussi gravissime parce

---

1. Feurat Alani, « À Mossoul, une alliance contre
nature entre le Baas et les djihadistes », OrientXXI.info,
12 juin 2014.

qu'elle leur a fait perdre tout crédit, y compris dans les communautés qui la composent. Un mouvement de panique se répand dans les régions chiites et kurdes d'Irak, et aussi à Bagdad. La population prend conscience de la faiblesse de ses forces armées. Même dans ces communautés, qui lui sont favorables, l'armée perd la confiance qu'elle pouvait encore avoir et on assiste à la mobilisation en catastrophe de milices communautaires. Des corps de miliciens chiites sont mobilisés pour protéger Bagdad et plusieurs villes de Diyala, pendant que les peshmergas kurdes renforcent leurs effectifs pour protéger Erbil.

Ce qui a permis à l'État islamique de s'emparer aussi vite et aussi facilement de Mossoul, c'est également la curieuse alliance de circonstance qu'il a nouée avec les anciens officiers baathistes de l'armée irakienne. Romain Caillet, qui est en contact régulier pour son travail de recherche avec des djihadistes, décrit l'incrédulité des volontaires étrangers qui avaient combattu en Syrie, pour qui le parti Baath incarnait le mal absolu, lorsqu'ils ont traversé la frontière et vu à quel point les anciens réseaux du Baath irakien étaient actifs au sein de l'État islamique. L'insulte de « baathiste » a parfois été proférée, au moins sur le ton de la rigolade, par les combattants « syriens » de l'État islamique vis-à-vis de leurs homologues « irakiens ». Après la conquête de Mossoul par les djihadistes, on a vu apparaître des portraits de Saddam Hussein et d'Ezzat Ibrahim al-Douri, l'un de ses principaux hommes de main et figure de la résistance à l'occupation américaine, dans les rues de Mossoul. Une cohabitation surprenante aux côtés des drapeaux noirs ! Une fois de plus, la prophétie autoréalisatrice s'est confirmée. Cela faisait des années que Nouri al-Maliki hurlait au complot islamo-baathiste pour dénigrer son opposition sunnite. À l'époque, c'était une absurdité. Mais l'absurdité, tout invraisemblable qu'elle a pu sembler, à force d'être invoquée, a fini par se réaliser.

La prise de Mossoul par l'État islamique aura au moins eu l'avantage de pousser Maliki vers la sortie. Alors que le Premier ministre irakien refusait de constituer un gouvernement à l'issue des élections législatives d'avril 2014 et préférait conduire son pays à la crise politique plutôt que de risquer de perdre son poste, la déroute de l'armée à Mossoul a fourni l'occasion du coup de balai final, même s'il a fallu offrir au Premier ministre sortant un poste de vice-président, largement honorifique, en guise de lot de consolation.

Haider al-Abadi prend donc le pouvoir à Bagdad. Issu du parti Dawa, islamiste chiite conservateur proche de Téhéran, il s'agit d'un homme à peine moins sectaire que son prédécesseur. Il présente la particularité d'incarner un retour aux débuts de l'occupation, puisqu'il était ministre des Télécoms dans le premier gouvernement irakien de l'après-Saddam. En signe de bonne volonté, il publie sur son compte Twitter un message indiquant qu'il a « donné l'ordre aux forces armées de cesser de bombarder les zones civiles » tenues par l'État islamique. Al-Abadi, rappelle Ned Parker, a comme priorité de « nettoyer et reconstruire les forces irakiennes. [Il] a fermé le cabinet que Maliki utilisait pour diriger les commandants et a tranquillement mis à la retraite les officiers considérés comme trop proches de son prédécesseur. Mais purger l'appareil de sécurité de son sectarisme, de ses travers corrompus et de ses manœuvres politiques prendra des années[1] ». Le nettoyage a permis de découvrir 50 000 soldats fictifs dans les livres de paie de l'armée irakienne.

Reste qu'il ne saurait y avoir d'amélioration de la sécurité en Irak sans gouvernement plus inclusif à Bagdad, qui prenne en compte les aspirations de toutes les composantes de la

---

1. Ned Parker, Isabel Coles, Raheem Salman, « How Mossul fell – An Iraqi general disputes Bagdad's story », *op. cit.*

population. Les politiciens irakiens, tout comme les forces de sécurité du pays, font bien plus souvent partie du problème que de la solution. D'autant que les discours politiques, et même les modes de scrutin, ont tout fait jusqu'à présent pour renforcer les discours identitaires et communautaristes. Il est inquiétant de voir que les listes intercommunautaires qui ont cherché à percer au cours des différents scrutins sont chaque fois ressorties affaiblies. Entre les législatives de 2005, celles de 2010 et jusqu'à celles de 2014, on n'a pour le moment vu qu'un enfermement sur eux-mêmes des politiciens, draguant les électeurs non pas par des convictions, des prises de positions politiques, mais faisant appel à leur sentiment d'appartenance à une communauté et à l'obligation de voter de façon à préserver ou renforcer ses intérêts.

En septembre 2014, les grandes puissances occidentales et celles du Golfe se retrouvaient pour une conférence à Paris dédiée à la sécurité en Irak. Les opinions étaient encore sous le choc des premières décapitations d'otages, la campagne militaire était lancée. Les dirigeants devaient coordonner leurs efforts pour lutter contre le phénomène État islamique, dans la foulée de sa redécouverte. Les États-Unis, lors de cette conférence, n'ont eu de cesse de pousser leurs partenaires à séparer les volets syrien et irakien dans la réponse à apporter au défi de l'État islamique. Le discours de Washington est que l'« on ne peut pas régler tous les problèmes de la Syrie ». Mais cette stratégie ignore non seulement que le groupe contrôle une part substantielle du territoire syrien, mais aussi que la répression en Syrie a été le principal ferment, et demeure l'un des principaux carburants, de l'État islamique.

Au mois d'octobre, les États-Unis ont confirmé leur stratégie « Irak d'abord », se contentant d'opérations ponctuelles en Syrie. Barack Obama joue la montre en se contentant de mesures cosmétiques, telles que le limogeage de son secrétaire à la Défense, Chuck Hagel. L'administration est réticente à trop s'engager dans la région et compte surtout, avec ses frappes aériennes, geler les positions de l'État islamique, empêcher sa progression, et gagner du temps, le temps nécessaire au recrutement, à l'entraînement et à l'armement d'une force composée de « rebelles modérés », susceptible de le combattre. Sauf que, comme nous l'avons vu, chaque jour qui passe voit se réduire le nombre de « modérés » capables ou désireux de se battre en notre nom.

7

L'arnaque de Kobané

*La défense des minorités est un piège. Toutes les
populations de la région ont le droit à la sécurité.
La « mobilisation » pour les minorités, Kurdes,
yézidis ou chrétiens, est une forme de communautarisme et favorise le sectarisme.*

Invité pour un entretien en longueur sur
France 24, chaîne dont le directeur a appelé
ses correspondants et chroniqueurs à « ouvertement prendre parti contre les barbares »
de l'État islamique, le « journaliste engagé »
Patrice Franceschi est venu lancer un appel
au secours pour « sauver Kobané[1] », cette ville
kurde du nord de la Syrie, près de la frontière turque. Les Kurdes, nous alerte-t-il, sont
« le seul rempart vraiment efficace contre l'État
islamique dans cette région du monde. De surcroît, comme ils le disent, on combat pour les

---

1. « L'Entretien de France 24 », 18 novembre 2014.

mêmes valeurs. Ils ne comprennent pas qu'on ne fasse rien. Ils ont instauré au Kurdistan syrien libéré une réelle démocratie, avec un gouvernement, une police, une armée, etc. ».

Un peu partout, en Occident, s'est propagée l'idée qu'il fallait faire de cette bourgade frontalière un Stalingrad des djihadistes et, surtout, qu'il fallait venir en aide aux combattants kurdes qui la défendent. Des combattants d'autant plus séduisants qu'ils affichent leur laïcité et font se battre en première ligne des femmes – mais aussi des enfants, mais cela nous pose, semble-t-il, un cas de conscience bien moindre que les enfants-soldats de l'État islamique.

Ce soutien soulève un véritable problème moral. Déjà parce que ce ne sont pas n'importe quels Kurdes qui défendaient Kobané, mais des miliciens du PYD, filiale syrienne du PKK, un parti au fonctionnement stalinien. Le PYD a conclu un accord avec le régime dès le commencement de la révolution. Sa matrice est mafieuse et autoritaire. Certes, il est moins criminel que l'État islamique, mais pas au point d'avoir démérité lorsqu'il a été inscrit sur les listes d'organisations terroristes établies, entre autres, par les États-Unis et l'Union européenne[1]. Ce n'est

---

1. À la différence du PKK, qui est un « parti armé », le PYD n'avait jusqu'au déclenchement de la révolution syrienne qu'une branche politique.

donc pas un groupe qui mérite l'angélisme de
nos médias. Tandis que, chez nous, la bataille
de Kobané était souvent présentée comme un
combat du « bien contre le mal », pour nombre
de Syriens, elle n'était guère que l'affrontement
entre deux groupes terroristes.

Certains, d'ailleurs, s'étonnent que la presse
n'utilise que le terme kurde de « Kobané »
(en fait, pas tellement kurde puisqu'il s'agit
d'une déformation du nom de la *company* de
chemin de fer qui faisait escale dans la ville),
alors que les Syriens ont l'habitude de désigner
la localité sous son vocable de Ayn al-Arab (la
« source des Arabes », puisque les troupeaux
s'arrêtaient là pour s'y abreuver avant l'arrivée des locomotives à vapeur). Les djihadistes,
jamais en retard d'une initiative dans la guerre
de communication, ont, eux, rebaptisé cette
ville *Ayn al-Islam*, la « source de l'islam », bien
qu'elle ne fasse l'objet d'aucune mention particulière dans la religion musulmane.

Alors que les démocrates syriens n'ont
jamais réussi à réellement mobiliser en Occident pour obtenir un soutien, le soudain élan
de sympathie pour Kobané leur a semblé pour
le moins suspect, sinon franchement biaisé.
« La campagne de communication autour de
Kobané est entièrement conçue pour servir
des intérêts qui ne sont pas du tout ceux de

la révolution syrienne, s'indigne Ayman Abdel-Nour. Il y a, il y a eu, des massacres bien plus meurtriers que ce qui se passe à Kobané sans que le monde réagisse. Nous respectons les Kurdes, leur culture, leurs aspirations, mais il s'agit là d'un "deux poids, deux mesures" trop flagrant. Nous devons intervenir contre tous les massacres, dans toute la Syrie[1]. » L'ampleur du mouvement de « solidarité » pour la ville assiégée à l'hiver 2014-2015 a aussi choqué l'historien Farouk Mardam-Bey. « Ce qui s'est passé pour Kobané, ce sont les plus grandes manifestations de soutien pour la Syrie qu'on a eues depuis le début de la révolution. La mobilisation, bien sûr, est justifiée, mais elle est démesurée par rapport à tous les massacres qu'il y a eu auparavant, qui n'ont jamais soulevé une telle indignation internationale[2]. »

« On est kurdes, mais avant tout on est syriens et on est démocrates. Or Abdullah Öcalan a lancé des appels à Bachar au début de la révolution depuis sa prison turque », accuse Salem Hassan, militant kurde exilé à Paris. « Il y a 4 000 peshmergas syriens basés en Irak, mais le PYD ne les laisse pas aller à Kobané. Il veut garder le monopole[3]. » Le mili-

---

1. Entretien avec l'auteur.
2. Entretien avec l'auteur.
3. *Ibidem*.

tant sort son portable et fait défiler les photos des miliciens à l'entraînement, pour appuyer ses dires. Ce qui le choque le plus, c'est que la population de la ville est prise en otage dans ce conflit. « Kobané, ils veulent en faire un Stalingrad. Mais ce que je vois surtout, c'est qu'on a transformé la ville en champ de ruines. Il y avait 250 000 personnes qui habitaient là. Elles ont toutes dû partir. Elles ont perdu leur maison ! »

En novembre 2014, Sam Dagher publiait un reportage dans le *Wall Street Journal*[1] réalisé à l'issue d'un séjour dans les zones kurdes syriennes. Il découle des entretiens qu'il a menés que si le PYD a offert de coopérer avec l'Occident dans sa lutte contre l'État islamique, c'est en échange de la reconnaissance, au moins de fait, de l'administration autonome qu'il a mise en place dans le Nord syrien. Une administration qui a instauré ses propres tribunaux, a commencé à édicter ses propres lois, lève ses impôts et distribue même des plaques d'immatriculation qui lui sont propres.

Parti autoritaire, le PYD pratique le culte de la personnalité autour de son chef Abdullah Öcalan, détenu en Turquie depuis 1999. « Il n'y a pas de vie en dehors du chef », clament

---

1. Sam Dagher, « Kurds fight Islamic State to claim a piece of Syria », *Wall Street Journal*, 12 novembre 2014.

les affiches à l'effigie d'Öcalan présentes dans les baraquements et aux check-points tenus par le groupe. Le reporter américain rappelle que « depuis la fin 2011, avec les encouragements et le soutien de l'Iran, le principal supporter d'Assad, le PKK et ses partisans kurdes syriens se sont mis d'accord pour éviter d'affronter le régime en échange d'un pouvoir accru dans les zones à majorité kurde du nord de la Syrie ». Cette collaboration avec le régime, qui n'a pourtant cessé de marginaliser les Kurdes tout au long de son histoire, a provoqué des tensions avec les autres groupes révolutionnaires, conduisant à des combats avec l'Armée syrienne libre ainsi qu'avec le Jabhat al-Nosra.

À l'été 2013, le PYD finit d'expulser les groupes rebelles de la ville frontalière de Ras al-Ayn. Pour les révolutionnaires, il s'agit d'une nouvelle traîtrise de la part d'un groupe dont ils ne cessent de dénoncer les accointances avec le régime. L'objectif des Kurdes est de créer un *continuum* le long de la frontière turco-syrienne afin de relier les trois zones que le régime leur a cédées, Afrin, Kobané et la région qui s'étend de Ras al-Ayn à Qamishli.

Le projet politique est celui de Saleh Muslim, le chef du PYD, lui-même natif de Kobané. Ce dernier était en exil au Kurdistan irakien après une détention en Syrie, où il était emprisonné avec sa femme. En 2011, quelques semaines

après le début de la révolution, le régime le
laisse revenir à Qamishli et conclut une entente
avec lui. Un pacte plus ou moins tacite de partage du pouvoir et de non-agression. Pour
Bachar, il est urgent de geler le front kurde
au moment où le défi devient arabe sunnite.
Dans les rues de Qamishli comme dans celles
de Hassaka, on voit des miliciens brandissant
le drapeau du régime aux côtés des *Asayesh*,
les forces de police du PYD. Le contrat est le
suivant : le régime délègue à la filiale du PKK
la gestion de leur territoire, devenu *de facto*
autonome ; en échange, les Kurdes se tiennent
à l'écart de la révolution et empêchent toute
implantation de la contestation dans ces zones.

« Le PYD est un groupe armé avec son
agenda, explique Bassam al-Ahmad, un des
responsables de l'ONG de défense des droits
de l'homme VDC, lui-même kurde. Ils ont leur
politique, qui n'est pas ce qu'on attend. Ils
commettent aussi beaucoup de violations des
droits de l'homme. Nous, on se bat pour une
Syrie libre. Je viens de Qamishli. J'y connais
des gens qui ont des responsabilités au PYD.
Certains sont de mes amis et je les critique, je
leur dis qu'ils se comportent souvent exactement comme le régime. La plupart des activistes kurdes syriens des droits de l'homme ont
dû quitter leur maison et vivent aujourd'hui en

exil en Europe ou en Turquie[1]. » « Le PYD, c'est comme le parti Baath, confirme Salem Hassan. Son squelette, ce sont ses services de renseignements. Et il n'a pas de base ; aucune des manifestations qu'il a organisées n'a réussi à rassembler plus de quelques milliers de personnes. »

Autant dire que le PYD n'a pas très bonne presse parmi les démocrates syriens, qui rappellent que le gel du front kurde a permis à Assad de mobiliser ailleurs ses forces. Même parmi la population kurde syrienne, il s'agit d'un parti qui ne dispose guère de soutien populaire. Quelle est donc sa botte secrète, qui lui permet de consolider ses positions, notamment dans nos médias ? Sans doute sa longue implantation en Occident, par le biais de l'importante diaspora kurde. Le PKK a par ailleurs toujours été habile pour mettre en avant son « socialisme » et se présenter comme une victime dans la logique de la guerre froide, tout cela sur fond de laïcisme bon teint. Résultat, les vieux staliniens se drapent dans des costumes de démocrates et réussissent même à convaincre les hauts responsables du Département d'État américain. « Je trouve assez curieux qu'une bonne partie de ceux, dans les gauches européennes, qui ont manifesté contre

---

1. Entretien avec l'auteur.

une éventuelle "intervention impérialiste" en
Syrie, au moment où les États-Unis et la France
menaçaient d'une action militaire après le massacre chimique de la Ghouta, se taisent ou
même manifestent aujourd'hui pour la défense
de Kobané, qui se fait surtout grâce à l'appui
militaire direct des Américains, remarque acer-
bement le politologue Ziad Majed. C'est plus
qu'une schizophrénie, c'est une décadence
éthique, car je pense que si c'était le régime
Assad qui attaquait Kobané, ils ne seraient pas
pour cet appui américain aux défenseurs courageux de la ville kurde syrienne[1]. » L'opposant Yassin al-Haj Saleh ne s'embarrasse pas
de manières pour qualifier notre prétendue
« solidarité avec Kobané » : « On veut nous
donner des leçons sur Kobané ! C'est de l'eth-
nocentrisme ! Du communautarisme ! Vous
vous retrouvez à lutter aux côtés d'un groupe
terroriste alors que vous avez abandonné un
peuple entier[2] ! »

Alors que les combats faisaient rage dans
Kobané, l'éditeur Farouk Mardam-Bey orga-
nisait à Paris une conférence sur la question
kurde en Syrie, sujet sensible débattu par deux
Kurdes éminents face à une audience largement
arabe ou pro-arabe. Le politologue Hamit

1. Entretien avec l'auteur.
2. *Ibidem.*

Bozarslan s'est évertué à montrer que l'Iran et la Turquie portent une grande responsabilité dans la confessionnalisation de la région, incriminant en particulier la « frustration de la Turquie d'Erdogan qui ne comprend pas pourquoi les pays de la région ne répondent pas positivement à ses rêves d'empire[1]... ».

Sêvê Aydin Izouli, avocate des droits de l'homme et ancienne représentante de la Déclaration de Damas, retraçait, elle, l'historique du hiatus qui s'est creusé entre Arabes et Kurdes. Il y avait d'abord eu ce projet absurde de « ceinture arabe ». Pour briser la continuité territoriale kurde et éviter que les Kurdes syriens puissent un jour prétendre créer un État, le régime a confisqué les terres qu'ils possédaient sur une bande longue de 350 kilomètres et large de 15. Dans cette zone, des paysans arabes ont été installés, sur un modèle de colonisation dont la référence affirmée était la colonisation israélienne. Les Arabes, dans cette zone, se sont vu offrir un entraînement militaire et ont été dotés d'armes. Mais c'est en 2004 que la fracture apparut. Lors d'un match de football, dans le stade de Qamishli, jouaient deux équipes, l'une kurde, l'autre arabe. Les esprits étaient échauffés par l'invasion de l'Irak voisin. Les cris des supporters devinrent slo-

---

1. Conférence du 30 novembre 2014.

gans. Les « À bas Barzani ! » répondirent aux
« À bas Saddam ! ». Le match se termina par
une bagarre générale entre supporters. Les partisans arabes auraient été autorisés à se rendre
au stade avec bâtons et couteaux, alors que les
Kurdes auraient été fouillés à l'entrée et désarmés. Le soir, on dénombra plusieurs morts.
Comme on pouvait s'y attendre, les funérailles,
le lendemain, tournèrent à la manifestation côté
kurde. Le régime fit tirer sur la foule. La Jezira
kurde s'enflamma, mais, à Damas, l'opposition
ne pipa mot. En 2011, au déclenchement de la
révolution, le souvenir de l'intifada kurde de
2004 restait très présent dans tous les esprits.
Il faudra beaucoup de temps et d'efforts pour
réconcilier Kurdes et Arabes syriens.

L'autre minorité dont la défense soulève
facilement les foules en Occident, ce sont les
chrétiens. Durant l'été 2014, dans la foulée
de la prise de Mossoul par l'État islamique et
alors que plusieurs villages chrétiens des environs tombaient dans l'escarcelle du groupe
djihadiste, un mouvement fait florès en Occident, notamment sur les réseaux sociaux, en
solidarité avec les chrétiens d'Orient. L'une
des initiatives notables a été la campagne
#LightForIraq, qui invitait les internautes à
poster des photos de chandelles ou de cierges.
Une autre initiative est due à la journaliste ira-

kienne Dalia al-Aqidi, qui a popularisé la lettre
arabe ن (*noun*).

À l'origine, cette lettre était la marque d'infamie utilisée par les djihadistes pour marquer
les maisons désertées par les chrétiens, lesquelles se retrouvaient ouvertes au pillage ou
disponibles pour être attribuées à des musulmans. Dans le vocabulaire salafiste, il s'agit
de la première lettre du mot *nazaréen*, qualificatif péjoratif des chrétiens. Dalia al-Aqidi,
une Arabe sunnite originaire de Mossoul, a
été choquée par cette stigmatisation. Elle avait
commencé à porter la croix et à populariser la
lettre *noun*, stigmate détourné, dans le cadre
d'une campagne intitulée « Nous sommes tous
chrétiens », prônant la tolérance religieuse.
Les deux *noun* du nom arabe de la campagne
(*kuluna masihiyyoun*) sont calligraphiés d'une
façon qui évoque les bombes de peinture utilisées par les djihadistes pour taguer les maisons
chrétiennes.

Dans une interview à *al-Nahar*, la coura-
geuse journaliste explique les raisons de son
engagement. « Le pluralisme religieux est une
réalité de l'Irak, berceau de la civilisation, de
la science et de la culture. Qui pourrait bénéficier de l'histoire et de la civilisation si nous
revenions à l'obscurantisme ? Les chrétiens
sont des gens de ce pays, et nous ne pouvons
pas avancer sans eux ou en l'absence d'une

partie de l'Irak. » Elle a ensuite renvoyé la pareille aux adeptes du *takfir*, version musulmane de l'excommunication, très prisée des djihadistes notamment pour justifier leurs meurtres de musulmans : « Ceux qui accusent les autres d'être infidèles. Vous êtes des non-croyants, des apostats, des polythéistes, vous autres chasseurs de têtes. Je suis un simple être humain qui défend les droits des enfants de son pays, quelles que soient leur origine et leur identité[1]. »

J'ai eu la chance de rencontrer Dalia al-Aqidi à Beyrouth, un mois après le lancement de sa campagne. Elle a été étonnée quand je lui ai rapporté combien son *noun* avait fait florès, au moins en France, sur les réseaux sociaux, et choquée quand je lui ai appris que les identitaires, les nationalistes, les frustrés de tout poil, s'étaient emparés de sa belle initiative pour servir leur racisme et leur islamophobie. Nous avions plaisanté ensemble. « Nous devrions lancer une nouvelle campagne, celle du م (*mim*). N'est-ce pas la lettre qui réunit chrétiens (*masihiyyoun*) et musulmans (*muslimoun*) ? » Il est intéressant de noter que, au

---

1. Traduit en français sur http://www.aleteia.org/fr/ international/article/nous-sommes-tous-chretiens-ose-dire-a-la-television-une-celebre-journaliste-irakienne-musulmane

moment où j'écris ces lignes, le *noun* ne figure pas sur ses profils Twitter et Facebook.

Les chrétiens de Syrie sont-ils d'ailleurs réellement l'objet de persécutions de la part des djihadistes ? Le chercheur Ayman Jawad al-Tamimi a publié une étude au titre provocateur[1], invitant à « distinguer la réalité de la fiction » au sujet des chrétiens de Syrie. Il insiste d'abord sur la surévaluation systématique, pour des raisons politiques, et du fait d'une convergence d'intérêts de la plupart des acteurs en présence, des effectifs de chrétiens dans le pays. Alors que la proportion de 10 % de la population est souvent avancée, la réalité selon lui est certainement plus proche de 5 %. Il passe ensuite en revue les incidents qui ont été rapportés par les médias ou les activistes et réseaux de droits de l'homme. La conclusion de cette étude est sans appel : « Rien ne suggère l'existence d'une campagne organisée de persécutions de chrétiens à travers la Syrie de la part de militants islamistes. » Certes, « des chrétiens ont été victimes de violences à caractère religieux », mais ni plus ni moins, somme toute, que les autres communautés syriennes. Le chercheur met en garde contre la « désinformation » qui entoure le sort des chrétiens

---

1. Aymann Jawad al-Tamimi, « Christians in Syria : separating facts from fiction », 13 novembre 2012.

syriens et invite à « ne pas se laisser abuser par la propagande du régime, habile à exploiter à son profit les préoccupations occidentales pour les chrétiens ».

Les djihadistes eux-mêmes essaient d'être attentifs à ne pas sombrer dans un excès de violence communautaire, dont ils savent qu'elle pourrait être contre-productive. Ainsi, dans le « Plan stratégique pour renforcer la position politique de l'État islamique d'Irak » mis en ligne en 2010[1], les précurseurs de l'État islamique insistent sur l'importance de ne pas persécuter les chrétiens. À Raqqa, un pacte de *dhimma* (« protection » des minorités en terre d'islam, en échange d'un impôt appelé *jiziya*) leur est offert en février 2014. Ce pacte interdit les vols et les attaques contre les chrétiens, leurs maisons et les églises, et les protège contre ceux qui chercheraient à les convertir de force.

Les chrétiens, de leur côté, sont soumis à une liste de contraintes qui cherchent à prévenir tout ce qui pourrait s'apparenter à du prosélytisme : interdiction de construire ou reconstruire des sites religieux, de porter des croix ostensibles, de prier de façon visible pour le voisinage, de sonner les cloches des églises, d'agir de façon agressive contre l'État

---

1. Version PDF (en arabe uniquement) sur http://www.hanein.info/vb/showthread.php?t=158433

islamique ou d'héberger des espions ou ses
adversaires, de dénigrer l'islam ou d'empêcher
la conversion à l'islam d'un des leurs. Ils ne
peuvent pas non plus porter d'armes. S'ils sont
autorisés, par ce pacte, à consommer porc et
alcool, ce doit être dans des lieux privés, et, de
toute façon, il s'agit d'une licence totalement
théorique puisque l'alcool est dans la pratique,
à l'image du tabac, traqué et puni comme une
drogue par les hommes de la *Hesba*, la police
islamique locale en charge de pourchasser le
vice. Par ailleurs, les chrétiens sont tenus de
verser deux fois par an une *jiziya* assez importante.

Ce pacte n'a en fait guère été mis en pratique. D'abord parce que la plupart des chrétiens avaient pris la fuite dès la prise de Raqqa
par les djihadistes. Et aussi parce que les miliciens de la base sont beaucoup moins subtils
que ne peut l'être leur direction lorsqu'il s'agit
de chercher une image de respectabilité. De
fait, sept mois après la publication de ce décret
de *dhimma*, les deux églises de Raqqa étaient
profanées. Les croix qui surplombaient leur
clocher ont été démontées. L'une d'elles est
aujourd'hui transformée en centre de prédica-
tion de l'État islamique. Certes, ces profana-
tions sont inadmissibles, mais il faut rappeler
ce décompte de mars 2014 : si 98 églises ont été
détruites depuis le début de la guerre en Syrie,

64 % de ces destructions sont le fait des forces pro-Assad. Et 1 900 mosquées ont été ravagées ! Toutes les confessions paient un lourd tribut. Il n'est rien de pire que les concours de victimisation et les indignations sélectives. Au-delà des propagandes communautaires des uns et des autres, c'est avant tout la tolérance qu'il faut rétablir.

« Daech massacre à tour de bras, explique Peter Harling, responsable régional de l'International Crisis Group dans une interview au *Point*. Mais ses combattants ont également procédé à des exécutions de masse au sein de tribus arabes sunnites, et personne n'a pipé mot. Ils ont aussi décapité bien des militaires alaouites. Sans compter que d'autres horreurs sont perpétrées par des acteurs qui n'en paient pas le prix : le régime syrien a causé la mort par malnutrition de très nombreux civils, enfants compris, dans des quartiers encerclés à cette fin. Du reste, je ne vois pas très bien comment des frappes aériennes contre Daech, découplées de toute mesure concernant les autres souffrances, terribles, que connaît la région par ailleurs, vont assurer l'avenir des chrétiens ou des yézidis[1]. »

---

1. http://www.lepoint.fr/monde/ce-que-cache-la-menace-etat-islamique-26-09-2014-1866999_24.php

« Dans le cas de la Syrie s'ajoute une focalisation assez malsaine sur la question des minorités, qui n'est pas sans rappeler la rhétorique coloniale du XIXᵉ siècle, rappelle l'islamologue Thomas Pierret. Soutenir Assad au nom de la protection des minorités est à la fois immoral et stupide. C'est immoral parce que cela revient à considérer que la protection des minorités rend acceptable le massacre de dizaines de milliers de civils, la destruction de villes entières et le déplacement de millions de personnes par le régime ; en d'autres termes, c'est considérer que la vie d'un chrétien ou d'un alaouite a plus de valeur que celle d'un sunnite. C'est aussi parfaitement stupide car, en renforçant, aux yeux des sunnites, l'association entre le régime et les minorités religieuses, la situation actuelle met grandement en péril l'avenir de ces minorités. Ce qu'il faut rappeler, ici, c'est que, indépendamment de la bataille qui se joue actuellement, la démographie condamne inévitablement le régime d'Assad à disparaître dans les années ou décennies à venir : les minorités religieuses ne représentent pas plus de 20 % de la population et leur taux de croissance démographique est, *grosso modo*, inférieur de moitié à celui de la majorité sunnite. On peut arguer qu'Assad possède des soutiens sunnites, ce qui est exact, mais il se montre incapable de les intégrer de manière significative dans son appareil militaire. Or, ce dont le régime a besoin pour survivre sur le long terme, c'est d'hommes qui sont prêts à mourir pour sa défense. L'importance des unités étrangères chiites dans l'ordre de bataille du régime en dit long sur les problèmes d'effectifs qu'il rencontre depuis longtemps déjà[1]. »

Remettons-nous-en finalement à la sagesse du père Paolo Dall'Oglio, jésuite ayant vécu en Syrie durant des décennies. Amoureux de la liberté, de la tolérance, il raconte dans un livre[2] comment il plaisantait avec les combattants djihadistes lorsqu'il se déplaçait avec eux dans la province d'Idlib, sous les bombardements du régime. Le prêtre savait qui, réellement, est l'ennemi des chrétiens. Il savait aussi que perpétuer la répression de la majorité est sans doute la pire façon qu'on puisse imaginer pour défendre les droits des minorités. Il faut s'en remettre à sa sagesse, même si sa confiance a été trahie.

Abuna Paolo a disparu, capturé par l'État islamique.

---

1. Entretien avec l'auteur.
2. Paolo Dall'Oglio, *La Rage et la Lumière*, Éditions de l'Atelier, 2013.

8

Le miracle de Dabiq

L'intervention internationale est une campagne
de recrutement pour l'État islamique.
Elle réalise sa prophétie apocalyptique.
Elle affaiblit l'opposition modérée et a contribué
à l'escalade communautaire dans la région.

Barack Obama avait tout fait pour se
désengager du Moyen-Orient. La posture était
presque de principe, le postulat de son mandat,
un positionnement politique. Réaction épidermique aux interventions de son prédécesseur.
Autant George Bush semblait toujours vouloir
dire : « On y va », autant son successeur répète :
« On s'en va. » Face à une réelle volonté internationale, menée par la France, de tenter enfin
quelque chose en Syrie après les bombardements chimiques de la Ghouta, dans les faubourgs de Damas, malgré le feu vert de son
administration, Obama a pris, seul, la décision
de ne pas intervenir. Anti-bushisme viscéral.

Mais le meurtre de James Foley, bientôt suivi par celui de Steven Sotloff, et avant même celui de Peter Kassig, le pousse à réagir. « Ce groupe terroriste doit être affaibli et en définitive détruit », déclare-t-il, devenu faussement martial[1].

Ce à quoi Obama ne fait sans doute pas attention, lorsqu'il déclenche sa guerre, c'est que, ce faisant, il réalise les prédictions, sinon les souhaits, des djihadistes. Pourquoi le djihad syrien a-t-il été si puissant dans son recrutement à l'étranger ?

Pour sûr, parce qu'il est proche et facile d'accès, pour beaucoup d'Arabes et d'Occidentaux. La Turquie est un pays extrêmement bien relié au reste de la planète (Turkish Airlines est la compagnie au monde qui dessert le plus de pays différents) ; de nombreuses nationalités s'y rendent sans visa ; elle a, en outre, longtemps négligé la surveillance de ses frontières. Sans doute aussi les crimes du régime, les horreurs que la plupart des jeunes ont vues s'accumuler sur leur écran d'ordinateur, reprises sur les *timelines* de leurs réseaux sociaux, y sont pour beaucoup. Certainement enfin, l'incapacité de l'Occident à intervenir, à faire valoir le droit international dont il s'érige

---

1. Allocution télévisée depuis la Maison-Blanche, 10 septembre 2014.

si volontiers en garant et qu'il est si prompt à manier, dès lors qu'il s'agit de la défense de ses intérêts, a formé chez les candidats au djihad l'idée d'une communauté internationale au mieux complice, sinon co-auteur d'un crime contre l'islam dans son ensemble.

Mais l'un des arguments les plus puissants de recrutement provient à n'en pas douter de la prophétie de Dabiq. Dabiq ? Une bourgade, à peine plus qu'un village. Guère plus de 3 000 âmes, près de la frontière turque, au nord d'Alep. Mais c'est par son eschatologie, issue d'un hadith d'Abou Haraira considéré comme authentique (*sahih*), que Dabiq est grand :

« L'Heure du jugement dernier ne sonnera pas avant que les *Roum* [Byzantins, chrétiens dans l'esprit des djihadistes] ne fassent campement à al-Amaq ou à Dabiq. Dès lors, une armée de Médine, parmi les meilleurs gens de la terre à leur époque, va sortir à leur rencontre. Quand les deux armées seront en ligne, les *Roum* vont parlementer : "Laissez-nous seuls à seuls combattre contre ceux qui ont fait prisonniers des nôtres ! – Non ! Par Allah ! répondrons les musulmans. Nous ne vous laisserons jamais seuls à seuls avec nos frères."

« Sur ce refus, les hostilités vont commencer. Un tiers, à qui Dieu ne pardonnera jamais, sera mis en déroute. Un tiers, les meilleurs martyrs

auprès d'Allah, va périr. Un tiers, qui ne sera
jamais éprouvé (ou troublé), aura la victoire, et
conquerra Constantinople.

« Pendant le partage du butin, lorsque les
épées seront pendues aux oliviers, un démon
va s'écrier au milieu d'eux : "L'Antéchrist vous
a succédé dans vos demeures !" Ils lèveront le
camp en laissant tout derrière eux, alors que
l'information était fausse. Cependant, quand ils
vont fouler les terres du Cham, il sortira réellement. Au cours des préparatifs de la bataille,
au moment même où les combattants organise-
ront les rangs, la prière se fera annoncer.

« Au cœur de cet événement, Jésus fils de
Marie va descendre du Ciel, et présider la
prière. Quand l'ennemi de Dieu va le voir, il
va fondre comme le sel fond dans l'eau. S'il
le laissait ainsi, il se dissoudrait totalement
jusqu'à périr, mais Allah le fait mourir entre
ses mains, pour exhiber son sang de sa lance. »

Plus efficace et beaucoup moins poétique,
Abou Moussab al-Zarqaoui se voit attribuer la
prophétie suivante : « La flamme s'est allumée
en Irak et elle va augmenter par la permission
d'Allah jusqu'à brûler les armées croisées à
Dabiq. » Nombre de djihadistes se sont mis
en tête que la bataille de la fin du monde,
ce que les musulmans appellent *malahim*, se
jouera à Dabiq et verra la victoire finale et
définitive des musulmans sur les « Romains ».

Dabiq, c'est l'apocalypse, Armageddon, l'une des marques les plus fortes de l'entreprise État islamique. C'est le nom de son magazine en ligne, publié en anglais. C'est aussi un lieu apparu dans l'une des vidéos les plus atroces publiées à ce jour par la branche média de l'organisation, intitulée « N'en déplaise aux mécréants ». La scène finale, montrant la tête de l'otage américain Peter Kassig, aux pieds de son bourreau, est tournée dans ce village de Dabiq. Sauf que, dans les dernières vidéos, le tortionnaire blâmait l'Occident d'envahir la terre musulmane, menaçait de représailles ses otages si les États-Unis et la Grande-Bretagne ne cessaient pas leur intervention et ne retiraient pas leurs moyens militaires. Mais, dans ce film, le masque tombe et le double discours est révélé : ce que cherche l'État islamique, ce n'est pas à obtenir la fin des interventions militaires occidentales, mais au contraire à les provoquer. Cette fois-ci, *Jihadi John*, comme il a été surnommé, invite presque l'armée américaine et prévient qu'elle trouvera à Dabiq sa fin. « Nous y voilà, lance-t-il à la caméra, enterrant le premier croisé américain à Dabiq. Attendant impatiemment l'arrivée du reste de vos armées… »

Le journaliste David Thomson m'a rapporté l'émerveillement qu'il a perçu chez certains des djihadistes français avec lesquels il est en contact pour ses recherches lorsque les frappes internationales ont commencé. Certains de ces jeunes commençaient à être lassés du combat, épuisés aussi par les luttes fratricides contre les autres factions islamistes. Mais, lorsque l'Occident intervint, c'était la prophétie, le miracle de Dabiq qui se réalisait ! Leur motivation redoubla. Leur conviction qu'ils étaient dans le vrai aussi. Dabiq est entré dans la légende, entretenue notamment sur les médias sociaux. Un djihadiste français (un converti, parmi les plus actifs sur Internet) a ainsi posté sur son compte Twitter (je conserve pour le plaisir l'orthographe d'origine) : « Le prophète SAWS a dit que a Dabiq il y aura tellement de cadavres que les oiseaux qui survoleron Dabiq mourront a cause de l'audeur. » Un anglophone, de son côté, écrivait : « Dabiq va arriver, c'est sûr. Les US et leurs alliés vont venir en Syrie une fois qu'ils auront vu que leur campagne aérienne est un échec. C'est une promesse de Dieu et de son prophète. » Chaque jour, des dizaines, sinon des centaines de tweets sont envoyés pour promettre que les « lions de l'islam » auront bientôt la chance d'affronter les croisés à Dabiq.

Il convient de rappeler quelle était la rhétorique des médias lorsque l'intervention internationale s'est déclenchée, en cette fin d'été

2014. L'État islamique était présenté non seulement comme le mal absolu, mais aussi comme une menace imminente pour tous les peuples de la région, et tous ses équilibres. Résultat, cette intervention a été largement soutenue par l'opinion publique. Elle était pourtant fondée sur une imposture, colportée par nos médias comme par nos politiques : après avoir pris le contrôle de la deuxième ville d'Irak, Mossoul, l'État islamique était sur le point de prendre Erbil, et même Bagdad. Est-il besoin de rappeler que ce groupe est avant tout un groupe de type insurrectionnel et que, en tant que tel, il ne peut prétendre s'installer que dans les régions dans lesquelles il peut trouver des relais locaux, en l'occurrence des zones peuplées d'Arabes sunnites ?

L'État islamique pouvait certes infliger de lourdes pertes aux peshmergas du Nord irakien, mais il est ridicule, et même contre-productif, d'avancer qu'il aurait pu s'emparer d'Erbil. Le discours tenu par les autorités kurdes irakiennes (« Les États-Unis et la France nous ont sauvés »), même s'il peut flatter notre ego, est non seulement propagandiste, mais il contribue à la propagande de l'État islamique, en exagérant ses capacités. Erbil est une ville de peuplement presque exclusivement kurde dont l'État islamique ne peut, n'a jamais pu et ne pourra jamais s'emparer.

Quant à Bagdad, deuxième plus grande ville du monde arabe, largement expurgée de sa population sunnite, il est ridicule d'imaginer que l'État islamique puisse un jour la conquérir ! Ce qui ne veut pas dire qu'il ne puisse pas prendre le contrôle des faubourgs sunnites. Ce qui ne veut pas dire non plus qu'il ne dispose pas de relais, et d'une capacité de harcèlement. Oui, l'État islamique va continuer, aussi longtemps que se poursuivra sa guérilla contre le gouvernement irakien, de faire exploser des voitures piégées au milieu des zones populaires chiites, perpétuant sa stratégie de terreur et de chaos. Oui, il est sans doute capable d'enlèvements, de meurtres, jusqu'au cœur de la capitale. Mais annoncer qu'il puisse un jour « prendre Bagdad », ce n'est au final que faire le jeu de sa propre propagande. C'est pourtant un discours qui a été largement relayé au moment où nos politiques ont mobilisé l'opinion pour justifier les frappes.

Ce discours emphatique sur le danger de l'État islamique, associé à la débandade bien réelle de l'armée irakienne dans toutes les zones de peuplement arabe sunnite, a accru le réflexe communautaire en même temps que l'armée irakienne s'enfonçait encore dans l'estime de la population. Le grand ayatollah Ali Sistani est pour beaucoup dans la mobilisation de la rue chiite. Dès la chute de Mossoul, il émettait une fatwa appelant les Irakiens « à défendre leur pays, son peuple, l'honneur de ses citoyens et ses lieux sacrés ». Dès que la nouvelle de cette fatwa s'est propagée, c'est par centaines de milliers que les volontaires se sont pressés dans les centres de recrutement des milices.

Ghaith Abdul-Ahad a produit dans *The Guardian* un remarquable reportage[1] sur les combattants chiites mobilisés en urgence pour, prétendument, protéger la capitale contre l'État islamique. Le journaliste, d'origine irakienne, décrit les massacres commis par ces milices, qui « considèrent les sunnites dans leur ensemble comme l'ennemi ». Il cite l'un de ces jeunes miliciens, un certain Moujtaba, qui n'a même pas trente ans, mais s'est déjà rendu en Syrie pour soutenir le régime de Bachar al-Assad. « Vous ne pouvez vous fier à l'armée, se confie Moujtaba au reporter du *Guardian*. Même s'ils mettaient 2 000 hommes pour défendre ce village, je ne compterais pas sur eux. Nous, nous sommes une faction de résistance qui s'est battue pendant onze ans. Chacun d'entre nous s'est rendu dans au moins trois camps d'entraînement en Iran et

---

1. Ghaith Abdul-Ahad, « On the Frontline with the Shia fighters taking the war to Isis », *The Guardian*, 24 août 2014.

au Liban, sous la supervision du Hezbollah.
À chaque fois, c'était pour deux mois. Vous
avez une idée de ce que c'est que d'être sous
la contrainte permanente du Hezbollah pendant soixante jours ? Vous en sortez comme
un homme nouveau. Vous ne pouvez pas nous
comparer à ces soldats qui rejoignent l'armée
pour de l'argent… »

Donatella Rovera, conseillère spéciale d'Amnesty International sur la réaction aux crises,
s'est rendue au nord de l'Irak dans la foulée
des frappes de la coalition : elle a pu constater
combien cette intervention s'est accompagnée
de violences communautaires sur le terrain, et a
creusé le fossé confessionnel. En l'occurrence,
la contre-offensive menée par le gouvernement
irakien, avec le soutien des Occidentaux et en
s'appuyant sur le terrain sur des milices chiites
et kurdes, s'est illustrée par une longue série
d'exactions. « Il faut voir les endroits qui ont
été repris par les milices chiites qui luttaient
contre l'État islamique ! s'exclame-t-elle. J'ai
été dans une quarantaine de villages. Ils ont
été totalement détruits. Il est clair que la population ne pourra pas revenir y vivre dans un
avenir prévisible. La population sunnite est
accusée de manière collective d'avoir coo-
péré avec l'État islamique. Ses membres ont
été déplacés, chassés de chez eux, et ils font

quoi maintenant[1] ? » Il semble évident qu'un certain nombre d'entre eux, brimés parce que sunnites, vont aller se réfugier auprès de l'État islamique, qui apparaît à leurs yeux comme le rempart le plus solide contre ce qu'ils voient comme un expansionnisme chiite. « Pareil au nord, là où les peshmergas ont repris du terrain, ils ont tout détruit, poursuit l'enquêtrice d'Amnesty International. Les Arabes ne peuvent plus revenir. Tout a été détruit. Les populations ont été chassées de chez elles, elles sont interdites d'entrée en zone kurde et elles ne peuvent que trouver refuge à Mossoul. Elles sont poussées vers l'État islamique ! »

L'invitation en Irak de Qassem Souleimani est un message désastreux de la part du gouvernement de Bagdad. Le chef de la force al-Qods, une unité d'élite iranienne, est arrivé « à la tête d'experts libanais et de militaires iraniens, quelques heures après la prise le 10 juin de Mossoul » par l'État islamique, selon le site de la télévision du mouvement chiite libanais pro-iranien al-Manar[2]. Sa première mission était de « sécuriser Bagdad et ses environs », puis de « sécuriser la route reliant Bagdad à Samarra ». Selon la chaîne de télévision du

---

1. Entretien avec l'auteur.
2. « Irak, le chef d'une unité d'élite iranienne est arrivé dès la prise de Mossoul », AFP, 28 novembre 2014.

Hezbollah, Souleimani « était présent dans les principales batailles contre l'État islamique dans la région occidentale d'al-Anbar, dans les régions kurdes de Diyala, dans la région pétrolière de Kirkouk et dans la récente bataille pour la raffinerie de Baiji[1] ».

Souleimani, c'est l'homme qui a envoyé en 2008 un SMS au général Petraeus, alors commandant en chef des forces américaines en Irak, lui disant : « Cher général Petraeus, vous devriez savoir que c'est moi, Qassem Souleimani, qui dicte la politique de la République islamique d'Iran en Irak, au Liban, à Gaza et en Afghanistan[2]. » Le général-major a été chargé du dossier syrien peu après le début de la révolution. Le fait qu'il soit envoyé par Téhéran pour coordonner la lutte contre l'État islamique illustre l'extrême polarisation communautaire de ce conflit. Sur le plan de la géopolitique régionale, l'État islamique peut être interprété comme une réaction du monde sunnite à sa peur phobique (très probablement exagérée, d'ailleurs, par ses sponsors du Golfe) du « croissant chiite[3] ». L'envoi de Souleimani

---

1. *Ibidem.*

2. Rapporté par Armin Arefi, « Le nouvel "ami" iranien des États-Unis », *Le Point*, 31 août 2014.

3. L'expression est du roi Abdallah de Jordanie, qui, en 2006, redoutait l'instauration d'un nouvel axe géo-

participe de cette escalade entre mondes sunnite et chiite.

Ne manquait plus que l'intervention russe
pour ajouter au chaos et achever la réalisation
de la prophétie de Dabiq. La Russie, rappelons-le, est honnie par les djihadistes depuis
l'Afghanistan. Poutine lui-même, lui qui pro-
mettait de « combattre les terroristes jusque
dans les chiottes » agit comme un chiffon
rouge pour les membres de l'EI, dont certains
viennent de Tchétchénie et sentent l'occasion
trop belle d'une revanche. Nombreux sont
ceux, pourtant, en Occident, pour saluer la
décision du maître du Kremlin de jeter ses
forces dans la bataille. Quelle terrible méprise,
quelle naïveté... Il est pourtant évident que
le seul intérêt de la Russie est de préserver
son protégé, Bachar al-Assad. La lutte contre
l'État islamique, si elle figure à son agenda,
n'est qu'accessoire. Au contraire, l'EI fournit
aux Russes une occasion rêvée pour renforcer
sa présence militaire dans la région. Et Bachar
se retrouve d'autant plus redevable envers son
nouveau parrain russe qu'il se trouvait militairement dans une situation inconfortable, son

politique reliant l'Iran au Liban, en passant par la Syrie
et l'Irak, désormais gouverné par des chiites. Elle stigma-
tisait les tensions entre mondes sunnite et chiite et avait
provoqué une réaction scandalisée à Bagdad.

fief alaouite côtier menacé par la chute d'Idlib, et ses supplétifs du Hezbollah épuisés par des années de guerre d'usure.

En diplomatie, comme dans beaucoup d'autres domaines, la réaction épidermique n'est jamais bonne. Ainsi, la position de François Hollande, qui a décidé d'engager la France dans les frappes aériennes en Irak après l'assassinat d'Hervé Gourdel en Algérie en septembre 2014, n'a guère de sens. « Annoncer qu'on vengera, en Irak ou ailleurs, un meurtre qui s'est joué en Algérie ressort de la politique spectacle, des relations publiques, et non d'une quelconque stratégie », juge sévèrement Peter Harling, responsable régional de l'International Crisis Group dans une interview au *Point*[1]. Il aura montré la même inconséquence en précipitant les appareils français dans le ciel syrien après l'irruption sur la scène médiatique de centaines de milliers de réfugiés sur les routes d'Europe.

Peter Harling mérite d'être cité dans la longueur pour comprendre la relation ambiguë de la population arabe sunnite et de l'État islamique. « Le monde arabe sunnite connaît

---

1. Peter Harling, « Ce que cache la menace "État islamique" », lepoint.fr, 26 septembre 2014.

une sorte de crise existentielle. La région a pour l'instant raté, pour ainsi dire, sa sortie de l'ère de régression qui l'avait caractérisée sous la domination de l'Empire ottoman, qui a cédé le pas au colonialisme, à des ingérences occidentales tous azimuts et à la création traumatisante d'Israël. Les grands mouvements émancipateurs, qui ont d'abord été d'immenses sources d'inspiration, ont vite dégénéré en coteries autocratiques et cleptomanes. Leurs alternatives islamistes, articulant diverses visions d'avenir séductrices mais utopistes, ont échoué lamentablement dès qu'il s'agissait de les mettre en œuvre en pratique.

« Le Printemps arabe, ce moment fulgurant, splendide, qui devait offrir à la région sa rédemption, sa nouvelle chance, a lui aussi viré au désastre. Il faut imaginer les sentiments de confusion, d'échec, d'amertume, d'injustice et d'humiliation qui en découlent. Ajoutez-y la violence inimaginable pratiquée par le régime syrien, sans aucune réaction sérieuse en Occident. Ajoutez-y l'ampleur de la crise humanitaire qui s'est ensuivie. Ajoutez-y le spectacle navrant des courants réactionnaires en Égypte, dans le Golfe et ailleurs. Ajoutez-y enfin les provocations constantes qui viennent du monde chiite, qui, lui, est dans une phase ascendante générant une forme d'hubris. Au total, très peu de gens aiment Daech, mais il n'y a que lui. »

Le journaliste belge, Baudouin Loos, a signé un très bel éditorial dans *Le Soir* de Bruxelles, appelant l'Occident à ne pas tomber dans ce qu'il appelle le « piège des décapitations[1] » : « Plus les réactions occidentales seront massives et brutales, plus ces djihadistes de l'Enfer pensent alimenter à travers le monde musulman sunnite un puissant sentiment de "deux poids deux mesures" puisque, il est vrai, la communauté internationale assiste en même temps depuis trois ans avec passivité au martyre de tout un peuple : la majorité sunnite syrienne. Et ils comptent bien exploiter – pour recruter et convaincre – un tel sentiment d'injustice. »

Avec cette intervention occidentale qui ne frappe que les djihadistes et ne touche pas au régime qui les massacre, les sunnites se sont sentis plus que lâchés ; ils se sont sentis encerclés. Le 19 novembre 2014, l'ancien ambassadeur américain en Syrie, Robert Ford, s'alarmait de l'erreur stratégique que représente la campagne de frappes. Lors d'une audition au comité des affaires étrangères de la Chambre des représentants, le haut diplomate expliquait

---

1. Baudouin Loos, « Les décapitations, le piège sournois des djihadistes », *Le Soir*, 15 septembre 2014.

que « la campagne aérienne qui a commencé en septembre a en réalité affaibli l'opposition modérée. Elle l'a discréditée dans la rue, parce que nos frappes ont visé des territoires contrôlés par la filiale d'al-Qaeda, le Jabhat al-Nosra, qui combat le régime d'al-Assad […]. En fait, ce que nous avons fait a été de jouer le jeu de l'armée de l'air d'Assad[1] ».

Il devient de plus en plus difficile de se faire entendre, et le « modéré » devient de plus en plus difficile à trouver. L'humoriste vedette du *New Yorker*, Andy Borowitz, illustre ce dilemme de l'administration dans une caricature montrant un « formulaire d'inscription des Syriens modérés ». Les prétendants sont priés de cocher une case : A) Modéré, B) Très modéré, C) Follement modéré, D) Autre. « Il n'y a plus de modérés, plus personne digne de confiance qu'on puisse soutenir », rétorquent nombre de commentateurs. Un argument battu en brèche par le chercheur Thomas Pierret : « Il reste un grand nombre de gens raisonnables à soutenir, y compris des groupes islamistes non djihadistes. Ce n'est pas un mauvais service de le faire si cela s'inscrit dans une stratégie politiquement cohérente. Pour le dire clairement :

---

1. Robert Ford, « US airstrikes against ISIL helped Assad : Former Ambassador », Anadolu Agency, 20 novembre 2014.

on ne peut pas leur demander de combattre l'État islamique tout en leur disant que nous ne sommes pas intéressés par leur combat contre Assad. Être étiqueté "pro-occidental" est aujourd'hui la marque de l'infamie chez les rebelles syriens, non en raison d'une hostilité rabique à l'égard des Occidentaux, mais en raison de leur incroyable cynisme dans la gestion du conflit syrien[1]. »

N'oublions pas que les modérés sont les seuls à avoir jamais réussi ce que ni les frappes occidentales, ni *a fortiori* le régime, n'ont jamais réussi : faire perdre du terrain à l'État islamique. Entre la fin 2013 et le début 2014, l'Armée syrienne libre associée à plusieurs groupes islamistes l'a fait reculer et l'a obligé à se replier sur ses fiefs de Raqqa et Deir ez-Zor. Les militaires du monde entier ne cessent de l'expliquer : on ne peut pas envisager le succès d'une opération militaire, quels que soient les rapports de force sur le terrain, quels que soient les moyens déployés, si l'on n'a pas de plan politique pour l'accompagner. Or, sur ce terrain, l'Occident manque cruellement de plan politique. L'opération militaire ne visait qu'à gagner du temps, mais aucun projet politique ne vient prendre la relève. La campagne aérienne contre l'État islamique aurait dû

---

1. Entretien avec l'auteur.

s'accompagner de frappes simultanées contre le régime et d'un soutien à l'opposition, sinon, il était évident que c'était le régime qui allait remplir le terrain gagné.

« Quand vous étudiez la menace, vous devez être scientifique, explique l'opposant Ayman Abdel-Nour. Où est le mal ? Si vous traitez le mal, le reste du corps guérira par la suite. Le régime est celui qui a conçu, entretenu et permis le développement de l'État islamique. C'est lui qui est à l'origine du phénomène. Nous avons besoin de traiter le mal. Si on s'en débarrasse, le reste sera réglé[1]. »

Au contraire, avec toutes les interventions militaires qui se focalisent sur l'État islamique, c'est la poursuite de la radicalisation que je décrivais précédemment qu'on alimente. D'abord par la prophétie de Dabiq, puis en acculant les sunnites d'Irak et de Syrie au djihadisme. D'autant qu'une faute commise par la coalition a été de bombarder les groupes djihadistes dans leur ensemble, et non pas seulement l'État islamique. Alors que le Jabhat al-Nosra et Ahrar ash-Sham avaient des relations au mieux concurrentielles avec l'État islamique (et parfois franchement hostiles), ces raids les ont rapprochés en désignant un ennemi commun : l'Occident. La réaction du Jabhat al-

---

1. Entretien avec l'auteur.

Nosra est significative. Après avoir été visé par les bombardements, il s'est empressé de déloger les « modérés » soutenus par l'Occident de leurs fiefs du Nord-Ouest. Jamal Maarouf, commandant du Front révolutionnaire syrien, que j'avais rencontré en mai 2013 dans son fief de Deir Sonbol, a dû piteusement trouver refuge en Turquie. Il faut dire que l'ancien promoteur immobilier devenu chef de guerre était accusé par la population d'être devenu beaucoup plus intéressé par les subsides de l'étranger que par la lutte contre la tyrannie.

Et puis, comment expliquer aux combattants du Front islamique ou de Jayash al-Fatah (l'armée de la reconquête, qui a pris le contrôle d'Idlib mi-2015) que l'Occident souhaite toujours la chute de Bachar al-Assad alors que nous nous contentons de frapper des groupes qui lui sont opposés ? Le communiqué de la présidence syrienne après les premiers raids américains effectués sur le territoire syrien est d'un redoutable machiavélisme. Le régime a en effet annoncé avoir été avisé par le Pentagone des bombardements. Il est bien possible que ce communiqué soit un mensonge médiatique (et les États-Unis ont d'ailleurs démenti avoir informé Damas), mais l'effet est dévastateur : le régime syrien a donné l'impression à sa population qu'il travaillait en bonne intelligence avec l'Occident. Face à cette convergence, au moins apparente, entre Washington et Damas, les sunnites se sont serré les coudes, bien souvent autour du plus fort, à savoir l'État islamique.

Pourtant l'immense majorité des Syriens, même parmi les Arabes sunnites qui ne savent ces derniers temps plus trop à quel saint se vouer, continuent de percevoir l'État islamique comme une force d'occupation dont les pratiques religieuses sont très éloignées des usages *wasati* (modérés) auxquels ils sont habitués et dont la doctrine choque les convictions locales. Malgré tout, les frappes occidentales ont beaucoup fait évoluer la position des Syriens vis-à-vis de l'État islamique. « Nonobstant sa capacité à rétablir l'ordre, appréciée (au moins temporairement) par ceux qui avaient souffert de la dérive criminelle de certaines factions rebelles, l'État islamique était largement honni pour son sectarisme et son acharnement à combattre les autres rebelles tout en épargnant le régime, relève le chercheur Thomas Pierret. Les choses ont changé radicalement depuis l'été 2014, l'État islamique ayant émergé comme un adversaire redoutable du régime, avec notamment la prise des bases militaires de la province de Raqqa, puis comme la victime de puissances occidentales au cynisme sans limite, puisque réservant leurs bombes à l'État islamique tout en regardant passer les avions d'Assad, dont les bombes-barils tuent quotidiennement des dizaines de civils. »

Même si l'on critique souvent les États-Unis pour leurs fautes politiques, il faut reconnaître qu'il s'y trouve souvent des personnes avisées pour tirer le signal d'alarme. Mi-novembre, le secrétaire d'État américain, John Kerry, reconnaissait la nécessité de « traiter » le régime en même temps que l'État islamique : « Assad et l'EIIL sont symbiotiques. L'EIIL se présente comme la seule alternative à Assad. Assad prétend être la dernière ligne de défense face à l'EIIL. Mais les deux sont renforcés au final[1]. » Dès le mois de septembre, le renseignement américain mettait les forces en présence en garde, constatant que l'intervention militaire avait un effet direct sur le nombre de djihadistes se rendant en Syrie et en Irak, et que les flux étaient plus élevés que jamais. Les premières frappes françaises sur des cibles en Syrie en septembre 2015 ont été accompagnées de chiffres désastreux qui révèlent l'échec à endiguer le flot de volontaires pour rejoindre l'État islamique.

---

1. Discours à Washington du 16 novembre 2014. Cité notamment dans « ISIS jihadists and Assad regime enjoy "symbiotic" relationship says John Kerry », *The Guardian*, 17 novembre 2014.

Par ailleurs, quand bien même les armes modernes utilisées par les aviations occidentales sont remarquablement précises, aucune intervention militaire ne peut se faire sans pertes civiles, que les communicants des armées dissimulent sous le vocable pudique de « pertes collatérales ». Le 12 novembre, l'OSDH, un réseau de surveillance des droits de l'homme en Syrie, dénombrait cinquante civils tués par les bombes alliées depuis le début des frappes. Parmi eux, huit enfants. Il ne fallut guère de temps avant que leurs photos ne se retrouvent sur les réseaux sociaux, où elles rejoignirent celles des victimes de Bachar al-Assad, nourrissant par là la fable d'une grande coalition antimusulmane occidentale, jouissant du soutien coupable de plusieurs pays du Golfe.

Tout cela est du pain béni pour la propagande djihadiste, qui réussit même à s'exporter. « Avant l'offensive de la coalition, l'État islamique avait deux branches, en Irak et en Syrie, rappelle le chercheur Romain Caillet. Il en a désormais cinq de plus, avec l'Égypte, la Libye, le Yémen, l'Algérie et l'Arabie saoudite. » On en est désormais à treize, a compté le chercheur irakien Hisham al-Hashimi.

Dans le petit appartement d'Istanbul dans lequel il a trouvé refuge, l'intellectuel syrien Yassin al-Haj Saleh – un chantre de la laïcité – ne trouve plus de mots pour décrire nos erreurs.

Quand je lui demande : « Que peut encore faire l'Occident pour rattraper la situation ? », il lève les yeux au ciel, s'enfonce la tête dans les mains, souffle de désespoir. Un silence. Et un constat de dépit : « Il est trop tard. Beaucoup, beaucoup, beaucoup trop tard. L'Occident est l'un des ingénieurs de notre désastre. Il est responsable de notre malheur au moins autant que la Russie et l'Iran. Non, vraiment, la politique occidentale porte une responsabilité considérable. Ce qu'on a compris trop tard, c'est que l'Occident n'a qu'un intérêt, qu'une obsession : la sécurité, ce qu'il appelle la lutte contre le terrorisme. Il renie complètement la réalité de notre révolution. »

Au lieu d'analyser factuellement quelles sont ses forces et ses faiblesses, nous tombons dans la propagande de l'État islamique en le considérant comme l'incarnation du mal. Nous succombons à la facilité de l'anathème et lui fournissons des arguments de propagande plutôt que de réfléchir à la dénonciation de ses contradictions. C'est tout l'aveu d'Alireza Dootstdar, anthropologue des religions à l'université de Chicago, qui admettait, sous le titre provocateur de « Comment ne pas comprendre l'État islamique », nos défaillances : « Notre connaissance de l'EI est très parcellaire. Nous ne connaissons presque rien de sa base sociale. Nous ignorons pour une bonne part comment il a obtenu ses conquêtes militaires et encore plus la nature des coalitions qu'il a créées avec des groupes variés, depuis d'autres groupes rebelles islamistes en Syrie jusqu'à des baathistes séculaires en Irak[1]. »

Les Syriens, quant à eux, même s'ils souffrent au quotidien de sa violence, savent très bien relativiser le danger de l'État islamique. « Pourquoi n'ai-je pas peur qu'il prenne le contrôle de la Syrie ? Parce que la population ne l'acceptera pas, tranche Ayman Abdel-Nour. Il n'aura jamais le soutien populaire. Et notre géographie ne lui permettra pas de s'y cacher[2]. »

---

1. Alireza Dootstdar, « How not to understand ISIS », université de Chicago. Publié en ligne sur https://divinity.uchicago.edu/sightings/how-not-understand-isis-alireza-doostdar

2. Entretien avec l'auteur.

9

Renouer les liens

*Il faut retrouver la confiance des populations. La
priorité doit être la protection des civils.
Penser local. Ne pas oublier l'économie. Réformer la gouvernance.*

L'État islamique peut sembler très fort. Il
s'en est en effet très bien sorti jusqu'à présent
dans sa propagande, son recrutement, son jeu
avec le régime syrien comme avec les tribus
locales. Mais ce serait une erreur que de le
croire invincible – ou même, simplement, fort.
Il y a beaucoup de clivages, de fissures en son
sein, de même qu'entre lui et les populations
qu'il domine désormais, et cela causera à plus
ou moins long terme sa perte. Que ce soit par
le radicalisme de ses prescriptions religieuses
(l'interdiction du tabac joue contre lui dans ces
pays où l'addiction à la cigarette est un des
maux les mieux partagés) ou par la violence
qui entoure son exercice du pouvoir, il finira

un jour par se rendre insupportable aux yeux des populations locales, qui rejetteront cette greffe par trop étrangère.

Au risque de paraître provocateur, j'aimerais rappeler les principes édictés par David Galula, l'un des théoriciens français de la lutte anti-insurrectionnelle, dont la réédition française[1] de son principal ouvrage est préfacée par celui qui l'a redécouvert, le général américain David Petraeus. Que nous apprend-il ? Que pour emporter un conflit asymétrique, il faut gagner les cœurs et les esprits. Et que, au final, entre les différentes parties au conflit, celui qui l'emporte est le plus souvent celui qui va parvenir à apporter à la population le sentiment de sécurité. Si les Syriens ont, à tort ou à raison, l'impression qu'ils se font bombarder par l'Occident, alors ils vont détester l'Occident. S'ils ont l'impression que l'État islamique est pour eux un facteur de stabilité, alors ils iront vers l'État islamique.

Engager les populations locales, retrouver leur confiance malgré nos années de dédain, leur faire comprendre que nous sommes à leurs côtés pour lutter contre toutes les tyrannies, voilà un discours susceptible d'emporter l'adhésion. « Il n'y a pas de solution autre que politique, martèle Ayman Abdel-Nour. La

---

1. David Galula, *Contre-insurrection : Théorie et pratique*, Economica, 2008.

seule évidence, c'est que Bachar ne doit pas faire partie de la solution. Il doit y avoir des garanties pour les minorités, et le corps social dans son ensemble guérira de lui-même. La première étape doit être un accord politique. Le jour où cet accord sera trouvé, l'État islamique perdra la moitié de ses membres. En un seul jour ! Parce que tout ce dont il y a besoin, c'est de l'espoir à nouveau[1]. »

Une fois que cet espoir sera revenu, une partie de la solution pourrait venir des *sahwas*, les milices tribales, sur le modèle irakien. Mais, là encore, nous agissons à l'envers. Nous soutenons ou faisons soutenir (par l'Arabie saoudite le Front islamique, par la Turquie le mouvement de Jamal Maarouf), uniquement par l'argent, des hommes ou des mouvements qui n'ont pas toujours la légitimité nécessaire. « Les *sahwas* ne peuvent venir que dans un second temps », insiste Ayman Abdel-Nour. Il faut d'abord priver l'État islamique de ses arguments de recrutement. *A contrario*, « les raids contre l'État islamique sont la réalisation de l'aveu du président Obama : nous n'avons aucun plan et aucune stratégie. Ils reviennent à donner une parfaite immunité à Bachar al-Assad. Ils ne font que servir Bachar, le renforcent et affaiblissent les modérés. »

---

1. Entretien avec l'auteur.

La mauvaise nouvelle, en ces temps de disette budgétaire, est que, s'il y a recours à des *sahwas*, nous devrons sans doute les payer nous-mêmes. Nous avons pu voir que les acteurs de la région, et les donateurs musulmans d'une façon générale, sont très préoccupés par le sort des Syriens. Ils ont déjà donné beaucoup d'argent, que ce soit pour financer des actions humanitaires ou des organisations de soutien aux droits de l'homme, ou directement pour armer des unités combattantes. Le problème est que chaque pays, Turquie, Arabie saoudite, Qatar, a son propre agenda et cherche à étendre son influence régionale.

On a déjà pu constater que la faillite des États en Afghanistan et en Irak donne à chaque fois l'occasion aux pays voisins de mener une politique d'influence à peu de frais. Le vide est si facile à combler que la tentation est grande pour les nations limitrophes de se servir du territoire de l'État failli comme « terrain de jeu » pour une guerre par procuration. Un tel processus est évidemment destructeur. La règle « qui paie commande » est bien connue. Nous ne pouvons, par exemple, courir le risque de voir des pays de la région prendre attache avec des groupes armés locaux, ou en recruter, et leur donner des valises remplies de dollars avec pour seule instruction : « Prenez cela et tuez des chiites. »

La solution qui peut donc être la moins mauvaise en Syrie est peut-être la pire en Irak. Donatella Rovera, conseillère d'Amnesty International, s'énerve de la « mode » des *sahwas* en Irak, où les États-Unis souhaiteraient rééditer leurs succès de 2007-2008. Les diplomates du Département d'État poussent ainsi Bagdad à l'adoption la plus rapide possible d'une loi sur la Garde nationale. « Mais ce n'est qu'un projet de créer une nouvelle *sahwa*, soit une milice de plus, s'emporte-t-elle. Tout le monde ne jure que par elles, mais je vois mal comment les *sahwas* pourraient être une bonne solution. Au moment des *sahwas* originales, il y avait une dynamique politique. Là, il n'y a rien. On ne crée des *sahwas* que parce que l'armée et la police ne font pas leur travail de protéger les populations. C'est ça le problème à résoudre plutôt que de créer une nouvelle milice qui va agir sans cadre légal. Plutôt que de régler le problème, on en crée de nouveaux[1]. » Elle préconise donc bien davantage une refondation complète de l'armée et de la police, et leur déconfessionnalisation, plutôt que la multiplication des milices.

On se rend bien compte qu'il nous faudra finalement accepter un certain degré d'inter-

---

1. Entretien avec l'auteur.

vention. Intervention, je sais combien le mot est maudit depuis les invasions de l'Afghanistan et de l'Irak par les armées de George Bush. Et il est bien naïf celui qui croit qu'al-Qaeda a été punie des attentats du 11-Septembre lorsque les États-Unis, en réaction, ont levé des coalitions pour conquérir ces deux pays !

On a pu voir combien les résistances sont fortes, aussi bien de la part des milieux anti-militaristes et tiers-mondistes que de la part des souverainistes. Pourtant, c'est un fait. Nos armées sont actuellement engagées en Irak, et certaines en Syrie. Pouvons-nous supporter de voir les bombardiers américains, canadiens et français croiser dans le ciel syrien les hélicoptères du régime, lâchant leurs barils de TNT sur les quartiers d'Alep, sans rien faire, sous prétexte que ce n'est pas leur mission, qui n'est que de lutter contre l'État islamique, et que la protection des civils ne fait pas partie de leur mandat ? Lorsque l'on voit des bombardements effectués par l'aviation syrienne, comme celui du 25 novembre 2014 sur des zones civiles de Raqqa, qui a fait plus d'une centaine de morts et détruit une bonne partie du musée de la ville, que même les djihadistes n'avaient pas osé toucher, on ne peut s'empêcher de penser qu'il n'a pas été commis avec l'approbation au moins tacite du Pentagone. En tout cas, la chasse américaine a certainement vu les appareils décoller, et a sciemment décidé de les laisser opérer. « Comment le régime peut-il envoyer ses avions dans une ville qui est survolée en permanence par l'aviation américaine sans prendre la permission de cette dernière ? » se demande Jamah al-Qassem, un militant de l'opposition, basé à Antakya, en Turquie, cité par Benjamin Barthe dans *Le Monde*[1], qui cite aussi un activiste de la ville, Abou Ward al-Raqqawi : « Les avions américains et syriens se succèdent au-dessus de nos têtes à quelques heures d'intervalle. Mardi après-midi, c'était les Syriens, mardi soir, les Américains. On n'orchestre pas un ballet aérien pareil sans coordination. » Nous l'avons vu, Galula nous l'a rappelé, la protection des civils est la clé dans une guerre asymétrique. Si nous ne le faisons pas par morale, faisons-le au moins par tactique, pour servir notre intérêt.

Que faudrait-il faire, donc ? Mettre en œuvre une zone minimale d'exclusion aérienne ? Les militaires, tout comme les spécialistes du droit international, rétorqueront qu'une zone d'exclusion aérienne, c'est déjà la guerre. Et alors ? Ne sommes-nous déjà pas engagés dans des opérations de guerre ? D'un point de vue juridique, nos avions ne violent-ils déjà pas

---

1. Benjamin Barthe, « Carnage à Rakka, sous les bombes du régime », *Le Monde*, 27 novembre 2014.

quotidiennement l'espace aérien syrien ? Si un hélicoptère de l'armée de l'air syrienne qui vient de bombarder une zone civile se faisait abattre par un avion occidental, le message ne serait-il pas fort pour dissuader le régime de poursuivre ses crimes de guerre ? La légitimité d'un tel acte de guerre ne serait-elle pas aisément défendable face à d'éventuelles interpellations internationales ?

On pourrait même imaginer une opération militaire limitée, sans nécessairement de grands moyens, sachant que son objectif doit être de coller toujours au plus près de la protection des civils, par exemple détruire ici un char qui tire sur une zone d'habitation ou bombarder là une base militaire ou un poste de miliciens qui commettent des raids contre la population. Cet engagement militaire ne peut s'envisager qu'associé à un effort d'armement et à un soutien de l'Armée syrienne libre.

Les solutions que je préconise depuis la première édition de cet ouvrage commencent enfin à être reprises. Le Général Petraeus lançait ainsi un appel en septembre 2015 dans le *New York Times* afin d'établir des zones de sécurité sur le sol syrien[1] afin de pouvoir y créer des refuges pour les modérés tout autant

---

1. « Petraeus urges stronger U.S. military effort in Syria », *New York Times*, 22 septembre 2015.

que des zones humanitaires pour fixer les
populations déplacées par le conflit. Il souhaite
aussi un renforcement de la position vis-à-vis
des bombes barils lancées par le régime sur
les civils, avec la menace très claire d'abattre
les appareils qui se livreraient à de tels crimes.
« Le problème central en Syrie est que les
Arabes sunnites ne seront pas d'accord de se
joindre à nous contre l'État islamique à moins
que nous ne nous engagions à les protéger ainsi
que la population syrienne dans son ensemble
contre tous ses ennemis, et pas seulement
l'EI », insistait-il.

Enfin, comme le soulignait Ayman Abdel-
Nour, il faut un processus politique, et un soutien politique affirmé, aux forces qui luttent
depuis trois ans pour une Syrie démocratique.
Les trois dernières années ont poussé nombre
de révolutionnaires à mettre de l'eau dans leur
vin. Les positions ne sont plus si inconciliables.
Beaucoup d'entre eux acceptent aujourd'hui
l'idée d'un dialogue avec la Russie, certains
mêmes avec l'Iran. La révolution est prête
à bien des concessions tant que le pouvoir
revient finalement au peuple syrien.

Rendre le pouvoir aux Syriens, ce n'est que
cela que demande Basam al-Ahmad, activiste
des droits de l'homme au VDC : « Il faut aussi

soutenir les groupes de la société civile qui cherchent à reconstruire un nouveau pays. Il faut aussi très vite créer des zones de refuge humanitaire[1]. » L'activiste plaide aussi pour le dialogue, afin de désamorcer l'escalade sectaire : « Il faut de la diplomatie. Il faut parler avec tout le monde. La négociation est très importante. Même l'Iran, même le Hezbollah, il faut leur parler, pour comprendre ce qu'ils veulent, ce dont ils ont peur, et les rassurer. C'est très important de rassurer les minorités et de parler tous ensemble. »

Riad Seïf, lui, a un plan tout prêt pour une transition politique : « Les Syriens eux-mêmes ont été exclus de la prise de décision sur leur avenir. On a toujours beaucoup parlé d'Assad ou des leaders de l'opposition en exil qui confisquent la parole du peuple. Personne ne représente les Syriens ! C'est pourtant eux, le pouvoir réel qu'il faut activer. Nous devons trouver un moyen de créer un mécanisme qui nous donne la possibilité de mettre en place un conseil réellement représentatif des Syriens, pas quelque chose comme l'Etilaf [la Coalition] ou le CNS[2]. » L'ancien député suggère la création d'un conseil représentatif de transition, qu'il préconise de sept membres,

---

1. Entretien avec l'auteur.
2. Entretien avec l'auteur.

et qui représenterait toutes les communautés syriennes. « Il y a des gens qui font consensus. Ali Habib, par exemple, ferait un délégué tout à fait acceptable pour les alaouites comme pour l'ensemble des Syriens. Parmi les Kurdes, les chrétiens, on peut trouver plusieurs personnes issues de la société civile qui sont tout à fait respectables et qui pourraient faire consensus. Pareil chez les sunnites, laïcs ou conservateurs. »

Cette solution ressemble beaucoup à ce que le général Petraeus avait mis en place à Mossoul après la chute de Saddam Hussein, et on a vu ses limites. L'autre problème est que le régime est très peu susceptible d'accepter une solution politique. Et l'État islamique est sans aucun doute sur la même ligne. « C'est pour cela qu'il faudra toute la force et la pression de la communauté internationale pour contraindre ces acteurs », renchérit Riad Seïf[1].

La solution à la crise régionale passera immanquablement par la base. Et elle ne devra pas oublier l'économie. Elle pourrait d'ailleurs partir de l'économie. « Il y a des modèles de gestion collective dans certains quartiers ou dans certains villages, notamment dans la région d'Idlib, mais aussi à Alep, qui sont

---

1. Entretien avec l'auteur.

tout à fait créatifs[1] », remarque la journaliste franco-syrienne Hala Kodmani, qui ajoute, admirative : « Il y a un souffle de vie qui ne veut pas mourir ! » La journaliste relate ses rencontres avec des femmes, notamment, qui repeignent des sous-sols pour aménager des écoles et essayer de rescolariser des enfants, lesquels n'ont parfois plus classe depuis trois ans. Elle évoque les efforts faits dans les zones qui se sont libérées de l'emprise du régime pour relancer une économie locale. L'aide à la mise en place d'une micro-entreprise, d'une coopérative, est parfois bien plus efficace qu'une grosse opération humanitaire. Les Syriennes sont un formidable atout à ne pas négliger.

Enfin, l'implication des hommes d'affaires syriens pourra permettre de créer une dynamique. Ils disposent encore d'une fortune substantielle. Certains sont déjà impliqués dans l'opposition et financent, depuis leur exil à l'étranger, des médias ou des groupes armés. Mais la plupart sont encore dans l'expectative et ne veulent pas brûler leurs cartouches tant que la situation connaît un tel blocage – ils attendent un signal pour s'engager. « Tous les hommes d'affaires sont prêts et attendent le jour de la reconstruction, confirme Ayman Abdel-Nour. Ils ne demandent qu'à revenir investir

---

1. *Ibidem.*

dans l'avenir de leur pays[1]. » « Les hommes d'affaires syriens, mais aussi libanais, attendent tous la reconstruction, mais il n'y aura pas de reconstruction avec Bachar au pouvoir à cause des sanctions[2] », pondère Jihad Yazigi.

1. Entretien avec l'auteur.
2. *Ibidem.*

10

Comprendre l'État islamique

L'État islamique est autant une secte qu'un groupe terroriste.
Il faut une porte de sortie pour les déçus du djihad.
Et pourquoi pas un « djihad légal » ?

On se plaint souvent de manquer de clés pour comprendre l'État islamique. Les médias, comme les politiques, ressassent les mêmes anathèmes et les mêmes clichés. L'organisation ne fait pourtant que mettre en œuvre un projet politique rédigé il y a dix ans, diffusé sur les forums djihadistes et traduit en plusieurs langues. Son auteur est l'Égyptien Abou Bakr al-Naji, beau-frère d'Ayman al-Zawahiri. Ce manifeste s'intitule *L'Administration de la sauvagerie : l'étape la plus critique que l'Oumma devra franchir*. Le plan est implacable : il s'agit de profiter de l'autoritarisme des régimes arabes et d'en jouer à leurs dépens, à l'image des arts martiaux, dont le principe est de retourner la force – en l'occurrence ici la violence – de son adversaire contre lui.

Jouant sur les frustrations locales, la propagande et la violence politique auprès de la population, l'objectif est de provoquer une escalade dans la violence. Les États répondent par encore plus de violence. Au final, les gouvernants perdent toute légitimité aux yeux de leurs administrés. Face au chaos provoqué, les djihadistes interviennent en se présentant comme alternative à la faillite des États. « En rétablissant la sécurité, en remettant en route les services sociaux, en distribuant nourriture et médicaments, et en prenant en charge l'administration des territoires, ils géreront ce chaos, conformément à un schéma de construction étatique hobbesien, décrit le consultant Frantz Glasman dans une recherche contenant une synthèse de ce pamphlet. À mesure que les "territoires du chaos" s'étendront, les régions administrées par les djihadistes se multiplieront, formant le noyau de leur futur califat. Convaincues ou non, les populations accepteront cette gouvernance islamique[1]. »

Cette théorisation de la sauvagerie en poli-

---

1. Frantz Glasman, « Vie locale et concurrence de projets politiques dans les territoires sous contrôle de l'opposition, des djihadistes et des Kurdes en Syrie », *op. cit.*

tique, si elle est assez classique en ce qu'elle rejoint d'autres théoriciens du nihilisme, mais aussi des pratiques de groupes radicaux comme on a pu en voir dans de nombreux pays, est originale en ce qu'elle se démarque clairement des usages d'al-Qaeda. Al-Qaeda se concentrait sur l'ennemi lointain, l'Occident, souvent présenté comme *proxy* d'Israël, et, surtout, n'avait pas de prétentions territoriales, en tout cas pas à court terme.

L'État islamique, au contraire, se concentre sur l'ennemi proche. Pour les jeunes qui se battent aujourd'hui en Syrie, le chiite constitue un ennemi bien plus immédiat que le chrétien ou le juif (les cibles d'origine d'al-Qaeda, dont le nom de naissance est « Front islamique mondial de djihad contre les juifs et les croisés »). Du reste, l'État islamique a pour slogan : « Neuf balles pour les apostats, une pour les croisés. » Les ennemis proches sont sa priorité. Et sa stratégie consiste à profiter de la défaillance d'un État, voire de la provoquer ou d'accélérer sa chute, pour s'emparer du territoire laissé en déréliction et s'imposer aux populations qui l'habitent.

Dans le style comme dans la communication, la différence est frappante. Il aura fallu l'émergence de l'État islamique pour prendre conscience à quel point al-Qaeda est un mouvement de nantis ! Oussama Ben Laden était un milliardaire, issu d'une grande famille. Il avait fait des études, voyagé en Occident. Abou Moussab al-Zarqaoui, lui, vient d'une famille de réfugiés. Il a passé son enfance dans l'une des villes les plus moches, sales et polluées de Jordanie. Ben Laden, c'est un rejeton des « Bouygues » saoudiens. Il parlait aux bourgeois, riches donateurs réactionnaires du Golfe. Zarqaoui s'adresse aux enfants des rues du Moyen-Orient, mais aussi de chez nous. Lorsque Ben Laden avait un message pour le monde, il réalisait un enregistrement soigné, dans lequel il développait, dans la longueur et en multipliant les références religieuses et politiques, sa vision du monde. Lorsque Zarqaoui vient délivrer un message, on le voit apparaître un couteau à la main. Il ânonne quelques mots, puis décapite son otage, Nicholas Berg, avant de poster le film sur YouTube, lequel ne dépasse pas quelques dizaines de secondes. C'était en Irak, en 2004, déjà… Le corpus idéologique est réduit à sa plus simple expression. Pas de longue dissertation. On aurait envie de dire qu'il n'y a pas de message. En fait, la violence *est* le message.

Frantz Glasman pointe toutefois du doigt la difficulté, une fois que les territoires ont été conquis au bénéfice du chaos, de les administrer dans la durée afin que le califat ne s'effondre pas, soit à cause de ses lacunes de gouvernance, soit du fait de l'opposition de groupes armés de résistance, de type *sahwa*, qui se créeraient en réaction. Un texte a été publié en 2010, consacré au renforcement de l'État islamique d'Irak, afin d'édicter les principes permettant au califat de s'inscrire dans la durée.

Il s'agit tout d'abord de prendre bien garde de rassembler l'ensemble du public potentiel (en l'occurrence, les Arabes sunnites) et d'éviter de se l'aliéner. Pour cela, il faut remplacer la politique initiale de terreur, efficace pour s'imposer dans un premier temps, en éliminant tous les compétiteurs potentiels, par une administration efficace. Le califat doit en particulier s'attacher à fournir aux populations les services publics de base et la sécurité. Évidemment, plus l'ennemi commun est violent et sectaire, plus ce discours de cohésion est facile à faire passer. Assad et Maliki sont des partenaires de choix. L'Égyptien Sissi un excellent candidat.

Sur le plan militaire, la terreur est une arme. Tuer un ennemi, un chiite, un Kurde, un militaire irakien ou un révolutionnaire syrien, ne suffit pas. Il faut profaner son corps. Le décapiter. Le crucifier. Et, surtout, filmer. Filmer tout et diffuser l'image aussi largement que possible. L'horreur vise à démoraliser l'ennemi, à dissoudre son engagement, à déliter ses rangs, à l'inviter à la désertion, à la fuite.

Nul doute que les soldats irakiens qui ont abandonné leurs postes, livrant Mossoul aux djihadistes, devaient avoir en tête des atrocités de l'État islamique qu'ils avaient visionnées sur Internet ! Le document djihadiste cite Sun Tzu quant à la politique de la terre brûlée. Il invite à privilégier des opérations coup-de-poing, moins coûteuses et plus efficaces que de grandes batailles. Et à maintenir sans cesse la pression sur l'ennemi en le harcelant constamment, notamment par le biais d'assassinats de personnalités.

L'État islamique a tiré les leçons des *sahwas* mises en place par les Américains en Irak. Il reconnaît leur efficacité, qui a été redoutable puisqu'elles avaient en tout juste deux ans pratiquement éradiqué al-Qaeda du territoire irakien. Mais il retient que les tribus qui ont été mobilisées par les Américains ne l'ont guère fait avec des visées politiques, mais principalement pour de l'argent. Un argent qui les a corrompues et largement criminalisées. L'État islamique appelle à renverser l'idée de *sahwas* à son profit, en prenant l'initiative, avant le gouvernement, d'armer les tribus et de les annexer à ses côtés. Et, pour que leur loyauté soit réelle, il propose, plutôt que de les payer, de leur déléguer une autorité réelle, les transformant en *proxies* à l'échelle locale. Ce désengagement permet de libérer des combattants et d'économiser des moyens du groupe tout en s'assurant de l'allégeance des partenaires.

Le chercheur Romain Caillet a rencontré beaucoup de succès dans les médias lorsqu'il a expliqué que l'État islamique « ringuardise » al-Qaeda. Et c'est bien de cela qu'il s'agit. Il fait aussi du djihad un produit de la mondialisation, à forte connotation occidentale. La force de l'État islamique, c'est de faire passer auprès de jeunes gens perdus de chez nous l'idée que « le djihad, c'est cool ». Autant les adeptes d'al-Qaeda baignent dans un bain culturel oriental, avec des références régionales fortes, autant les partisans de l'État islamique sont des produits de Facebook et de Twitter.

La façon dont ils ont détourné le *hashtag* #Ferguson pendant les émeutes aux États-Unis, pour faire passer, non sans une certaine ironie, le message parmi les Afro-Américains que le Coran affirme l'égalité raciale, montre l'ingéniosité de leur maniement des réseaux sociaux. Ils sont aussi très habiles à démonter les tentatives de contre-discours et aiment prendre à partie le compte dédié du Département d'État américain @ThinkAgain_DOS, en le plaçant, le plus souvent de façon pataude, mais parfois avec un réel humour, face à ses propres contradictions.

Les djihadistes de l'État islamique sont des

fans de *lol cats*. Entre eux, ils se surnomment les *fan boys*. Ils ont tous vu *Game of Thrones*, *Le Seigneur des anneaux* et *Harry Potter*. Plusieurs m'ont cité le film *Matrix*, dans lequel ils voient des résonances avec leur engagement. Certains se sont entraînés au combat avec le jeu vidéo *Call of Duty*. L'un de mes geôliers, britannique et parmi les plus sadiques, était fan des *Simpson*. D'autres voient même dans la façon dont ont été tournées des vidéos de décapitation des allusions à l'émission de télé-réalité « Top chef ».

Pour justifier la violence, ils rappellent sur les réseaux sociaux qu'on ne vit pas dans un monde de Bisounours (ou, pour les anglophones, de Teletubbies). Même Mehdi Nemmouche fredonnait, parmi ses nombreuses références télé-visuelles, des airs du « Club Dorothée ». Sauf que, une fois arrivés sur place, les combattants n'ont plus le droit de regarder la télévision ni d'écouter de la musique, activités considé-rées comme *haram*, pour cause de prohibition religieuse. Résultat, la plupart s'adonnent aux *nashid*, des hymnes *a capella*, remixés à grand renfort d'effets spéciaux, dont l'effet hypno-tisant est indéniable. Je me souviens d'avoir entendu de longues heures durant *Dawlat ul-islam iqamat* ou *Nahnu ansar ash-sharia* joués sur les ordinateurs ou les téléphones portables de mes geôliers... puis repris inlassablement par eux. Ces airs sont obsédants, ils sont conçus pour ne plus sortir de la tête.

Un grand nombre de djihadistes sont de bien piètres musulmans et, en général, des musulmans tout neufs, convertis ou reconvertis, qui compensent par une incroyable radicalité la fraîcheur de leur foi. « Grâce au travail de l'État, de la Direction générale de la sécurité extérieure (DGSE) et d'associations, nous savons que, sur un panel de 120 familles dont les enfants sont partis faire le djihad avec le Daech, 70 % sont athées et 80 % n'ont aucun lien, récent ou lointain, avec l'immigration, expliquait le député Patrick Menucci[1]. Sur les 650 appels qu'a reçus le numéro vert (de signalement des radicalisés mis en place dans le cadre d'un plan gouvernemental anti-djihad) ces six derniers mois – autrement dit depuis sa création –, 55 % émanent de familles de culture arabo-musulmane, 45 % de familles d'autres cultures et d'autres religions. »

Maha Yahya, chercheuse au Carnegie Middle East Center, a publié un article au titre évocateur : « L'ultime attraction fatale. Les cinq rai-

---

1. Discussion générale d'examen par la Commission des lois constitutionnelles, de la législation et de l'administration générale de la République sur la proposition de loi de Philippe Meunier, le 26 novembre 2014.

sons pour lesquelles les gens rejoignent l'EI[1] ». Elle liste, dans l'ordre, la faillite des systèmes scolaires, le manque d'opportunités économiques, compte tenu de la pyramide des âges et du manque de croissance, la mauvaise gouvernance des États de la région, qui ont perdu la confiance de leur population à force d'autoritarisme. Le Printemps arabe (qu'elle préfère désigner « Réveil arabe ») a aggravé la situation, dans un contexte de perte de confiance au sein de l'Occident, avec une énorme déception concernant toutes ses actions. Les Arabes en viennent à prêter à l'Occident des mauvaises intentions de façon systématique, presque sur le mode du complot, critiquant à la fois ses interventions quand elles ont lieu, et son inaction lorsqu'il se tient à l'écart.

L'auteur de cette étude ne va toutefois pas au bout de son raisonnement. Les raisons sociales économiques et politiques qu'elle décrit comme des facteurs favorables à l'État islamique sont en fait les principaux moteurs du Printemps arabe lui-même. Mais ce qui fait qu'un mouvement de rébellion va produire de la démocratie ou s'enfoncer dans la violence, ce sera la réaction de l'État. Or, les régimes arabes n'ayant laissé aucune place à la contestation,

---

1. http://carnegie-mec.org/2014/11/07/ultimate-fatal-attraction-5-reasons-people-join-isis

l'opposition pacifique n'a pas eu la moindre chance. Le soutien de l'Occident à ces régimes est la raison principale de la perte de confiance dont nous faisons l'objet dans la région. Nous ne pourrons rétablir les liens sans nous démarquer franchement des gouvernements.

L'un de mes amis travaille comme consultant contractuel pour l'agence d'aide gouvernementale américaine, l'USAID. Il me rapportait récemment son découragement : « Les Américains ont d'excellents experts qui ont compris depuis longtemps quelles étaient les clés, les raisons des crises, et qui ont d'excellentes idées pour les résoudre. Le problème, c'est lorsque ces discours arrivent au sommet. Personne ne veut les écouter. Dès qu'on sort de la *doxa* en vigueur, les discours les plus intelligents deviennent inaudibles. »

Il faut donner raison à Olivier Roy pour un grand nombre d'aspects de son analyse des raisons sociales et psychologiques de l'engagement des djihadistes à l'État islamique. « Nous faisons face à un nihilisme générationnel, à une jeunesse fascinée par la mort, expliquait le sociologue dans une interview à *L'Express* après la sortie de son livre[1]. Ce phénomène se

---

1. Olivier Roy, « Les jeunes djihadistes sont des suicidaires », *L'Express*, 3 novembre 2014, à propos de *En quête de l'Orient perdu* (Le Seuil, 2014).

traduit par des conduites à risque, des over-doses, une attirance pour le satanisme... On constate, chez certains, un terrain patholo-gique de morbidité. Avec Daech, ces enfants perdus de la mondialisation, frustrés ou margi-naux, se retrouvent investis d'un sentiment de toute-puissance du fait de leur propre violence, de surcroît à leurs yeux légitime. » Il constate que « Daech leur offre un vrai terrain, où ils peuvent se réaliser. C'est son coup de génie. Il peut absorber beaucoup plus de volontaires qu'al-Qaeda, lequel recrute dans la clandes-tinité. Désormais, ces djihadistes peuvent se battre au grand jour pour défendre un ter-ritoire au sein de bataillons islamistes. Ils se vivent comme des héros dans des vidéos pré-parées, dans lesquelles ils expliquent pourquoi ils sont heureux de mourir en martyrs. »

Les clés de lecture qu'on utilise d'habitude pour parler des phénomènes sectaires sont particulièrement adaptées quand on analyse les démarches individuelles qui poussent les djihadistes à s'engager dans l'État islamique. Le processus commence souvent par ce que les personnes concernées qualifient d'« acci-dent de la vie », souvent un gros conflit fami-lial, une rupture amoureuse ou la prise de conscience d'une « mauvaise vie » après un parcours de délinquance. L'exposition, par les médias sociaux, à l'ultra-violence contribue à la fragilisation, à l'abolition du discernement, et finalement au conditionnement qui va permettre, ensuite, un véritable lavage de cerveau.

L'exposition à la violence, j'ai pu le constater moi-même, est très perturbante. Après des années de couverture du conflit syrien, mes réseaux sociaux me renvoyaient sans cesse des images de corps torturés, de cadavres d'enfants gris de poussière sortis des décombres après un bombardement, de victimes démembrées, de sang, de morceaux fumants de chair et d'os. Un amoncellement d'horreurs qui ne sont en réalité jamais aussi concentrées sur un terrain de conflit et pour lesquelles les professionnels, journalistes, humanitaires, combattants, se voient proposer une surveillance dans le but de prévenir un stress post-traumatique. Sauf que, autrefois, on n'était exposé à ces images terribles qu'au fil de pérégrinations à proximité d'une ligne de front, dont on avait la possibilité de s'extraire. Et aucun front ne présente la même densité d'abominations. Là, Internet amène, sans crier gare et dans l'intimité des foyers, dans la normalité d'une vie occidentale, un concentré de violence bien supérieur à ce qu'on peut croiser, même en se rendant sur une zone de conflit des plus violentes. On comprend que le phénomène déstabilise. Les recruteurs du djihad en sont bien conscients et s'en servent remarquablement.

Les djihadistes en devenir se construisent petit à petit une *Weltanschauung* qui n'a plus grand-chose à voir avec la réalité. Une représentation du monde fondée sur un vaste complot des puissants contre les faibles, une martyrisation des musulmans (de certains musulmans, car ils sont bien sûr très sélectifs lorsqu'il s'agit de définir qui est membre de l'*Oumma*), et une dénonciation des discours médiatiques, qui ne seraient que fondés sur des deux poids, deux mesures. Une représentation du monde d'autant plus difficile à déconstruire que, pour extrême et caricaturale qu'elle soit, elle se base sur des réalités et nous renvoie à un certain nombre de nos erreurs réelles.

John Bell, directeur du programme Moyen-Orient au Centre international pour la paix de Tolède, établit pour sa part un parallèle frappant entre l'Inquisition et l'État islamique[1]. Dans les deux cas, on trouve l'idée de l'autodafé, l'acte de foi comme justification des crimes. Et aussi, l'exclusion, le *takfir*, qui reprend l'excommunication. Dans les deux cas encore, la persécution des minorités : les yézidis et les ismaéliens remplacent les cathares et les huguenots, au nom de la nécessaire pureté

---

1. John Bell, « Confidence men and their masquerade », tribune publiée sur le site aljazeera.com le 21 septembre 2014.

du dogme. Et les deux, enfin, utilisent la violence, les supplices, et sèment la mort pour imposer leur vision exclusive de la religion.

Pour poursuivre les comparaisons iconoclastes, il est intéressant de noter que les volontaires qui quittent nos pays pour aller se battre contre l'État islamique ont des motivations très similaires à ceux qui partent se battre parmi ses rangs. La page Facebook[1] intitulée « les lions de Rojava » est la vitrine officielle de recrutement du parti kurde PYD en Occident. Vétérans en manque de reconnaissance ou *bikers* blasés s'y inscrivent pour aller mener un « djihad » contre l'État islamique, aux côtés des combattants peshmergas dont nous avons évoqué le pouvoir d'attraction auprès des opinions occidentales. Le discours de ces « lions » (un terme d'ailleurs commun aux propagandistes de l'État islamique et à ceux du PYD) recourt à une rhétorique similaire : « SEND TERRORISTS TO HELL and SAVE HUMANITY », annonce leur page Facebook.

Plus récemment s'est formé en France un groupe qui se nomme « Task Force Lafayette »[2], le nom de l'ancien contingent français en

---

1. https://www.facebook.com/pages/The-Lions-Of-Rojava/290140627860127?sk=timeline
2. Il présente son projet sur son site internet : http://taskforcelafayette.com

Afghanistan entre 2009 et 2012. On peut trouver louable l'intention de ces vétérans, qui insistent être apolitiques et areligieux et écarter les candidats qui afficheraient leur haine de l'Islam. Reste que leur démarche rappelle celle des djihadistes, leur « syndrome de la guerre d'Espagne », leur discours sur la nécessité de l'engagement dans un conflit qui ne les concerne pas au premier chef et l'idée qu'ils se sentent malgré tout investis d'une mission supérieure.

À l'origine, sans doute la même bonne volonté. À l'arrivée, le même engagement naïf, mâtiné de la promesse d'une belle aventure permettant de se venger d'une vie trop frustrante, d'un peu d'action pour tromper l'ennui du quotidien. Quoi d'étonnant à ce que le politologue Mohamed Tozy se soit intéressé au « romantisme du djihad » ? Les deux parties ont même le sentiment de rejouer la guerre d'Espagne, de constituer les Brigades internationales d'aujourd'hui et, bien sûr, d'être du bon côté de l'histoire. Elles ont aussi la même façon très sélective d'accorder leur pitié. Au final, on pourrait considérer que leurs combattants sont victimes d'un embrigadement sectaire similaire – quand bien même j'insiste sur les différences qui existent dans leur niveau de criminalité.

Ramener l'État islamique à sa condition de secte, c'est le faire descendre de son piédestal, c'est décrocher l'étiquette de « super-groupe terroriste » qu'il s'efforce de se donner tout autant que nos gouvernants cherchent à le lui appliquer (la plupart des pays occidentaux sont engagés dans la coalition contre l'État islamique, la scénarisation de l'ennemi fait partie de tout effort de guerre). Le traitement médiatique de l'État islamique est tout aussi défaillant. Il demeure extrêmement émotionnel, jette l'anathème (le qualificatif « terroriste » est devenu un nouveau point Godwin) et ne cherche pas à comprendre les motivations des personnes qui partent se battre, ni les réactions des populations sur place.

L'État islamique a construit une légende et nous la lui achetons. Nous pensons nous en protéger en nous interdisant de le nommer (« organisation État islamique » ou « Daech » sont les termes les plus courants dans les médias français) ou en ajoutant un « synthé » (banc-titre) « images de propagande » dans les reportages télévisés. Sauf que nous tombons dans son piège. Malgré ce bandeau de surtitrage qui les dédouane à peu de frais, les chaînes de télévision continuent de diffuser les vidéos les plus spectaculaires qu'il a volontairement produites. À chaque coup d'éclat criminel, nos médias se précipitent et répondent au souhait de l'État islamique de s'imposer sur notre agenda. À tel point que, pour passer à la télé, le moindre malade mental sait qu'il lui suffit de commettre une action en brandissant un drapeau noir. Succès assuré ! « On est dans le sensationnel, dans le "glauque", on joue sur les sentiments, se lamente Romain Caillet dans une interview à Mediapart[1]. Tout cela ne fait pas sens. De mon côté, je n'ai quasiment jamais travaillé sur les djihadistes français, alors que la majeure partie des journalistes qui me contactent le font pour m'interroger sur ce sujet. »

Mais la police et la justice se fourvoient aussi en faisant passer les petits jeunes du djihad pour des caïds du terrorisme. En France, les premiers procès de personnes rentrant du djihad ont eu lieu à l'automne 2014. Le premier condamné, un converti prénommé Flavien, a écopé de sept ans de prison. Une peine exemplaire, compte tenu de la nature terroriste des faits reprochés. Alors que l'État islamique recrute à tour de bras, le tribunal a voulu frapper les esprits en montrant qu'il n'est pas anodin de rejoindre un tel groupe. En fait, il s'agit d'un verdict « pour l'exemple », pour le meilleur et pour le pire. Ce Flavien semble être un

---

1. Romain Caillet, « Le djihadisme n'est vu qu'au travers du sensationnel et de l'émotion », *Mediapart*, 26 novembre 2014.

grand naïf, lui qui a eu cette réplique mémo-
rable à la barre : « Moi, j'étais pour al-Qaeda,
mais j'étais contre la violence. » De fait, il n'a
sans doute pas combattu. Il a passé en tout
et pour tout dix jours en Syrie. Qui plus est,
en décembre 2012, donc à un moment où
l'État islamique n'existait pas encore. Si l'on
applique le droit de la même façon pour les
centaines de jeunes Français qui ont effectivement combattu pour l'État islamique, quelles
peines devraient être prononcées ? Et où les
appliquer ? Le risque serait de devoir créer un
Guantanamo français, suivant en cela la sug-
gestion du député Nicolas Dupont-Aignan,
qui, dans un élan populiste, proposait de rou-
vrir le bagne de Cayenne.

Un matin d'octobre 2014, j'ai reçu un message d'un jeune homme de Sion, en Suisse :
« Photographe indépendant débutant, je sou-
haitais effectuer, après de nombreux voyages
en Palestine, un photoreportage en Syrie, que
j'espérais suffisamment "choc" pour pouvoir
me faire connaître. En prenant des contacts
sur place, je me suis mis en relation, ou j'ai été
mis en relation, avec les mauvaises personnes.
Comme j'étais devenu musulman l'année pré-
cédente, ces derniers m'ont convaincu de
partir en Syrie non pas pour venir faire mon
reportage, mais pour, me dirent-ils, venir faire
mon "djihad" de musulman en aidant la Syrie,

en aidant la population là-bas, avec la photo ou l'aide médicale en ambulance. »

Le jeune homme, appelons-le Sébastien, se retrouve embarqué à la frontière, puis rapidement incarcéré par les hommes de l'État islamique lorsqu'il leur fait part de son intention de rentrer chez lui. Il a passé deux mois dans les geôles des djihadistes, baladé d'Alep à Raqqa, avant de bénéficier finalement de la clémence d'un *qadi* (juge islamique) qui le laisse repartir, lui restituant même les effets personnels qui avaient été confisqués[1].

Cela s'est passé au printemps 2014. Mais les Sébastien d'aujourd'hui n'ont plus cette chance. Désormais, le voyage en Syrie se résume à un aller simple impératif. L'État islamique ne laisse plus partir d'eux-mêmes tous les déçus du djihad – et ils sont nombreux. Pour éviter infiltrations et défections, les djihadistes qui souhaitent regagner leur foyer en sont en général empêchés. Beaucoup d'entre eux sont incarcérés, certains exécutés. D'où une terrible question morale qui se pose à nous. Imaginons une secte, violente, qui interdise à ses membres de la quitter, les menaçant même de mort. Quel dispositif devrions-nous mettre en œuvre pour lutter contre elle ? Des

---

1. Il a ensuite été jugé par la justice suisse, qui l'a condamné à une peine symbolique.

incitations à déserter ? Des passerelles pour s'enfuir ? Au lieu de cela, un jeune qui s'est trouvé embarqué dans une aventure djihadiste qu'il regrette se trouve confronté à tous les obstacles : le groupe, qui le retient, et la promesse que, une fois qu'il aura réussi à s'enfuir de Syrie, il se retrouvera en détention, et probablement pour longtemps. Si l'on cherche à « déradicaliser », pour utiliser un néologisme affreux, on peut imaginer meilleur moyen. Au contraire, ces déçus du djihad sont probablement nos meilleurs alliés dans la lutte contre l'embrigadement.

Suite à la première édition de cet ouvrage, The International Centre for the Study of Radicalisation and Political Violence (ICSR), spécialisé dans l'étude de la violence politique et de la radicalisation, a publié un rapport invitant à davantage donner la parole aux djihadistes déserteurs[1]. Qui peut mieux que les jeunes qui ont quitté l'État islamique parler du désenchantement de leur séjour en Syrie et en Irak ? « Personne n'a plus de crédibilité pour défier le récit de l'EI et pour donner une impression réaliste du groupe et de la société totalitaire qu'il cherche à créer que les per-

---

1. Consultable sur Internet à l'adresse http://icsr.info/2015/09/icsr-report-narratives-islamic-state-defectors/.

sonnes qui l'ont expérimentée », insiste Peter
Neumann, l'auteur de cette étude, qui repose
sur des entretiens avec 58 anciens djihadistes.

Parmi les éléments que ces combattants
déçus mettent en avant, il y a l'imposture de
la position de l'État islamique, qui recrute des
volontaires pour combattre le régime criminel
de Bachar al-Assad mais combat principalement d'autres groupes rebelles, presque tous
Arabes sunnites, et parfois même eux aussi
djihadistes. La clé du contre-discours, ce n'est
pas de montrer la persécution des minorités,
mais d'insister sur tous les méfaits provoqués
par l'État islamique aux « frères » de la même
communauté à laquelle il appartient.

Le rapport donne aussi la parole à un certain
Sofiane, également interviewé sur France 2[1].
« En Syrie ou en Irak, aucun imam, aucune
école coranique ne t'accueille quand tu arrives.
En fait, dans les villes, près des zones de combat, rien n'est prévu pour les gars comme moi
qui débutent dans la religion. Ce n'est pas leur
priorité », rapporte le jeune homme. Et le journaliste d'insister que cette « réalité (est) bien

_____

1. « Complément d'enquête » par Romain Boutilly.
Voir http://www.francetvinfo.fr/monde/proche-orient/
offensive-jihadiste-en-irak/des-geoles-de-l-etat-islamique-
a-ma-cellule-de-fresnes-le-parcours-de-sofiane-un-
jihadiste-francais_999627.html

loin de la "vie rêvée au Shâm", telle que l'EI la présente dans ses clips de propagande. » Le jeune djihadiste détaille sa déception : « Ce qui m'a saoulé, ce sont les injustices du quotidien. Par exemple, quand tu cherches un appartement, on te met sur une liste d'attente. Et un émir local qui a plusieurs femmes, qui est connu, va directement obtenir une grande maison ! Alors qu'un jeune Français comme moi, qui a pourtant tout quitté dans son pays, on le fait dormir dans des trucs dégueulasses. »

Ce rapport insiste sur les obstacles encore posés sur la route de ces déserteurs et la sous-utilisation de leurs témoignages. L'institut demande que ces déçus du djihad perçoivent une « aide à la réinstallation », que les autorités garantissent leur sécurité et que leurs témoignages soient mis en valeur. Le défi est d'autant plus important qu'après la vague de départ, la gestion des retours devient de plus en plus une question brûlante[1].

Pour prévenir le phénomène de radicalisation, plutôt que de mettre en avant des imams à la solde des dictateurs arabes, pourquoi ne chercherions-nous pas plutôt à canaliser les

---

1. On lira avec intérêt l'ouvrage de David Thomson « Les Français djihadistes », réactualisé avec les témoignages sur ces retours.

bonnes volontés de tous ceux, musulmans mais pas seulement, qui sont choqués par les crimes commis en Syrie et se posent simplement la question : « Comment puis-je aider ? » Faut-il imaginer une sorte de « djihad légal » pour éviter que des Flavien, des Sébastien, ne se retrouvent entre les griffes des terroristes ? Un engagement humanitaire, social, ou que sais-je encore ? Il n'existe à ma connaissance aucun programme de ce type.

Accessoirement, une telle initiative permet-trait aux musulmans de se réapproprier le terme de « djihad », perverti par les extrémistes et détourné par les médias occidentaux. Le djihad, on a tendance à l'oublier, est à l'origine l'une des plus belles notions de l'islam. C'est l'effort, sur soi et pour soi, pour se rendre meilleur, pour améliorer sa vie et pour tendre vers un monde plus juste.

Notre jeunesse, dont on dit si souvent qu'elle manque de valeurs, qu'on qualifie trop vite d'individualiste et de matérialiste, mérite de se voir proposer des chances de s'engager autrement qu'en rejoignant une bande criminelle.

CONCLUSION

Un nouvel État de barbarie

Le succès de l'État islamique découle de nombre de nos erreurs. Il est le résultat de l'inter-fécondation improbable entre deux groupes que le chercheur François Burgat a fort justement désignés comme les « djihadistes sans frontières » et les « *angry sunnis* » (sunnites en colère). Les deux se retrouvent sur les territoires d'Irak et de Syrie pour créer un « Sunnistan » idéal, mais largement fantasmé[1]. Du côté des djihadistes, une crise d'identité certaine, le sentiment d'être les « laissés-pour-compte des systèmes politiques des pays d'où ils proviennent […]. La "machinerie" qui radicalise en France une poignée d'individus n'est donc pas uniquement économique et sociale, ni même religieuse. Elle est surtout politique.

---

1. François Burgat, « Djihadistes sans frontières, pourquoi ils partent en guerre », OrientXXI.info, 27 octobre 2014.

Le mal-être de très nombreux musulmans, jeunes ou moins jeunes (y compris quand ils se démarquent de ces conduites de rupture), ne renvoie pas seulement aux réelles difficultés d'insertion professionnelle de ceux qu'on englobe dans l'appellation paresseuse de "jeunes des banlieues", et encore moins à leur bonne ou mauvaise interprétation supposée du dogme musulman. Elle requiert une analyse banalement politique[1]. »

Le mécanisme de radicalisation se joue à deux niveaux. À l'échelle individuelle, avec l'échec de l'intégration et les discours identitaires qui produisent de l'exclusion. À l'échelle diplomatique, avec une relation qui privilégie toujours les autocrates à leur population. L'attitude de l'Europe et des États-Unis vis-à-vis du maréchal Abdel Fattah al-Sissi est le signe que nous n'avons pas compris le premier enseignement du Printemps arabe. L'idée reste forte, dans notre classe politique, que les dictatures peuvent constituer un rempart efficace contre l'extrémisme. C'est en fait, nous l'avons vu, nous le savons bien, précisément l'inverse. La dictature est en réalité à la fois le terreau et le carburant de l'extrémisme.

Pourquoi un tel aveuglement ? « Si on se veut charitable, on peut dire que c'est une erreur

---

1. *Ibidem.*

d'analyse qui consiste à prendre le poison pour un antidote, c'est-à-dire à voir comme un rempart des régimes qui ont fait le lit de l'extrémisme en bloquant les canaux de participation politique légale, répond le politologue Thomas Pierret. Un jugement plus sévère consisterait à dire qu'une partie de l'opinion occidentale n'est prête à reconnaître aux Arabes le droit de vote que si le résultat des urnes consacre des partis en tout point conformes à nos exigences, c'est-à-dire pro-occidentaux, laïcs et économiquement libéraux[1]. »

Nous, Occidentaux, nous prévalons régulièrement d'exemplarité. Nous aimons nous considérer comme des exemples de développement, de civilisation, de démocratie. C'est ce type de réflexion qui a alimenté par exemple le colonialisme de gauche du XIXe siècle. Sauf qu'en Syrie, nous devons admettre que l'on a assisté à des initiatives individuelles qui sont autant de leçons de courage et d'engagement. Les Syriens ont été remarquables et incroyablement imaginatifs pour essayer d'inventer, au milieu de la répression, des structures démocratiques.

L'un des héros de la révolution, méconnu du grand public, est Omar Aziz. Économiste

---

1. Entretien avec l'auteur.

formé à Grenoble, il avait rejoint la Syrie dès le début de la révolution. Il est considéré comme le père des comités locaux de coordination. Arrêté par les redoutables services de renseignements de l'armée de l'air, il a fini par succomber à trois mois de torture. La révolution syrienne est pleine d'héroïsmes de ce type. C'est un devoir que de rendre hommage à leur mémoire en n'oubliant pas ce peuple, ses souffrances et son courage. Et pourtant, qui se souvient, en France, d'Omar Aziz ?

L'Histoire est cruelle, qui retient tellement plus volontiers les noms des salauds que ceux des héros. Notre obnubilation sécuritaire nous pousse à des arbitrages honteux. Alors que la seule opération militaire américaine coûte près de 10 millions de dollars par jour, l'hiver dernier, le Programme alimentaire mondial des Nations unies a dû interrompre son aide alimentaire aux réfugiés syriens, faute de financements. Les millions de Syriens qui vivent dans les camps aux frontières de leur pays ont été contraints à passer un hiver l'estomac vide.

Comment être surpris que notre indifférence agace, que nous perdions confiance et crédit ? À l'image de Yassin al-Haj Saleh, de plus en plus de Syriens, démocrates et laïcs, ont perdu l'estime qu'ils pouvaient avoir à l'égard de l'Occident. « Nous ne mourrons pas en silence. Cela fait trois ans que nous hurlons et vous refusez de nous écouter », me disait récemment un de mes amis de Raqqa. « Pour moi, il est clair depuis longtemps que l'Occident ne veut pas la chute du régime, admet Jihad Yazigi. Le conflit est bloqué dans les deux sens. L'opposition n'a aucun espoir de prendre un centre urbain ; l'armée n'a aucun moyen de récupérer la Ghouta ou les campagnes perdues. C'est une situation qui plaît à l'Occident. La seule chose qui le gêne, c'est qu'il préférerait que Bachar n'ait pas autant tué pour pouvoir le soutenir comme il soutient Sissi en Égypte[1]. »

La nouvelle donne du conflit syrien est l'engagement croissant militaire de la Russie dans le pays, qui s'accompagne d'un discours de plus en plus affirmé qui souhaiterait remettre Bachar al-Assad en selle face à la barbarie absolue que représente l'État islamique. Rappelons que Moscou n'en est pas à sa première confrontation avec les djihadistes. Al-Qaeda est l'enfant du djihad afghan. On admettra l'excès mais il est intéressant de rappeler que Ben Laden se considérait comme celui qui a fait s'effondrer l'Union Soviétique. Avec les deux guerres de Tchétchénie, et l'échec en

1. Entretien avec l'auteur.

Yougoslavie à prévenir un massacre de musulmans par des Serbes soutenus par la Russie, les djihadistes considèrent qu'ils ont une revanche à prendre. J'imagine Abou Bakr al-Baghdadi se délecter des images d'avions cargos apportant des troupes en armes dans les villes de la côte syrienne. La priorité stratégique de Vladimir Poutine n'est pas de combattre l'État islamique, mais de maintenir en place Bachar al-Assad, dont le pouvoir vacillait au moment de sa montée en puissance militaire. Au contraire, l'État islamique est une divine surprise pour Poutine, qui lui permet d'avancer ses pions sur la scène syrienne et de semer la zizanie dans les positions occidentales.

Même des esprits intelligents tombent dans le piège. Hubert Védrine, sur France Inter le 28 septembre 2015, ressortait une référence historique pourtant usée : « N'oublions pas qu'au moment de combattre Hitler, il a fallu s'allier à Staline. » Une telle comparaison est une double erreur. D'abord parce qu'elle compare l'armée de Bachar al-Assad aux rouleaux compresseurs de l'armée rouge. Pas besoin d'être un grand expert militaire pour savoir qu'il n'en est rien. Le principal ennemi contre lequel se bat aujourd'hui l'armée syrienne, c'est le refus des jeunes conscrits d'aller se battre. Le camp pro-gouvernemental syrien est plus éclaté que jamais et désormais divisés en *katibas*, des milices civiles qui défendent en priorité des agendas locaux. L'autre erreur, c'est de restreindre la réflexion à ces deux acteurs, de faire comme si l'on n'avait le choix qu'entre Hitler et Staline ! C'est une insulte faite aux Syriens que de les considérer comme nécessairement adeptes d'une tyrannie, que ce soit celle du régime ou celle des djihadistes. En fait, n'en déplaise aux préjugés racistes de certains, l'immense majorité des Syriens sont des gens normaux et équilibrés qui n'aspirent qu'à vivre en paix dans un pays libre et ouvert !

Vous l'aurez compris, vous qui avez pris la peine de parcourir ce livre. Nous devons nous soucier de la Syrie, de l'Irak. Ces pays sont nos voisins. Si nous les oublions, ils se rappelleront à nous de la pire façon possible : par des images de violence, d'attentats qui seront les manifestations de leur désespoir et qui nous reviendront en pleine figure. Il faut aussi garder à l'esprit la force des Syriens. « Leur meilleure résistance n'est pas celle des hommes en armes, estime malicieusement Hala Kodmani. C'est celle des civils, de ceux qui continuent de trouver la force d'un éclat de rire du fond de leur cachette, coincés entre des bombardements du régime et des barrages de djihadistes[1]. » Mais

1. *Ibidem.*

combien de temps survivra ce rire ? « La cité arabe se meurt, s'alarme le politologue Hamit Bozarslan. Il se peut que, en 2020, il n'y ait plus de société syrienne, plus de société irakienne, plus de société yéménite non plus. Je ne suis pas sûr que tout le monde ait pris conscience de la gravité de la situation[1]. »

Cette prise de conscience est le préalable à notre réponse aux défis que pose l'État islamique.

---

1. Conférence du 30 novembre 2014.

COURTE SÉLECTION BIBLIOGRAPHIQUE

Collectif (Youssef COURBAGE, Mohammed AL-DBIYAT, Baudoin DUPRET, Zouhair GHAZZAL, dir.), *La Syrie au présent : reflets d'une société*, Actes Sud, 2007.

Sophia AMARA, *Infiltrée dans l'enfer syrien : du printemps de Damas à l'État islamique*, Stock, 2014.

Myriam BENRAAD, *Irak, la revanche de l'histoire*, Vendémiaire, 2015.

François BURGAT et Bruno PAOLI (dir.), *Pas de printemps pour la Syrie*, La Découverte, 2013.

Paolo DALL'OGLIO, *La Rage et la Lumière : un prêtre dans la révolution syrienne*, Éditions de l'Atelier, 2013.

Caroline DONATI, *L'Exception syrienne, entre modernisation et résistance*, La Découverte, 2011.

Jacques FERRANDEZ, *Carnets d'Orient. Voyage en Syrie*, Casterman, 1999.
—, *Carnets d'Orient. Irak : dix ans d'embargo*, Casterman, 2001.

Jean-Pierre FILIU, *La Révolution arabe. Dix leçons sur la révolution arabe*, Fayard, 2011.
—, *Le Nouveau Moyen-Orient : les peuples à l'heure de la révolution syrienne*, Fayard, 2013.
—, *Je vous écris d'Alep. Au cœur de la Syrie en révolution*, Denoël, 2013.

Burhan GHALIOUN, *Islam et politique : la modernité trahie*, La Découverte, 1997.

Moustapha KHALIFE, *La Coquille : prisonnier politique en Syrie*, Actes Sud, 2012.

Hala KODMANI, *La Syrie promise*, Actes Sud, 2014.

Garance LE CAISNE, *Opération César*, Stock, 2015.

Jonathan LITTLE, *Carnets de Homs*, Gallimard, 2012.

Pierre-Jean LUIZARD, *Le Piège Daech : l'État islamique ou le retour de l'histoire*, La Découverte, 2015.

Joumana MAAROUF, *Lettres de Syrie*, Buchet-Chastel, 2009.

Ziad MAJED, *Syrie, la révolution orpheline*, Sinbad, 2014.

Thomas PIERRET, *Baas et islam en Syrie*, PUF, 2011.
—, *Religion and the State in Syria. The Sunni Ulama from Coup to Revolution*, Cambridge University Press, 2013.
—, *Au cœur des révoltes arabes. Devenir révolutionnaire*, Armand Colin, 2013.

Olivier ROY, *En quête de l'Orient perdu*, entretiens avec Jean-Louis Schlegel, Le Seuil, 2014.

Marie SEURAT, *Les Corbeaux d'Alep*, Gallimard, coll. « Folio », 1989 (réédition).

Michel SEURAT, *Syrie : l'État de barbarie*, PUF, 2012 (réédition).

David THOMSON, *Les Français djihadistes*, Les Arènes, 2016 (nouvelle édition enrichie).

Michael WEISS et Hassan HASSAN, *EI, au cœur de l'armée de la terreur*, Hugo Doc, 2015 (pour l'édition française).

REMERCIEMENTS

Mes remerciements vont à tous les Irakiens et Syriens rencontrés durant mes reportages au cours des douze dernières années. Ils m'ont parlé, parfois au péril de leur vie. Leur hospitalité n'a jamais été prise en défaut. Je leur dois ma compréhension de leur pays, de leur société. Ils ont contribué à casser les clichés qui nous bercent à propos de l'Orient, que nous qualifions volontiers de « compliqué », alors qu'il est en réalité très proche.

Mon immense gratitude va aussi à ceux qui m'ont aidé dans la rédaction de cet ouvrage, me faisant part de leurs réflexions et me faisant profiter de leurs connaissances. Un grand merci à ceux qui ont accepté de me répondre dans les interviews que j'ai menées pour cet ouvrage. Leur apport est essentiel.

Wladimir et Frantz Glasman m'ont apporté une assistance particulièrement remarquée. Ils m'ont ouvert leurs archives et leurs carnets d'adresses. Wladimir nous a quittés. Ce livre est une manière modeste de perpétuer la mémoire de son travail.

Toutes les erreurs ou imprécisions qui pourraient demeurer relèvent de mon unique responsabilité.

Enfin, je me dois de rendre hommage à toutes les victimes de ces conflits. Il serait injuste d'en dresser la liste, car je ne saurais être exhaustif et devrais m'égarer dans une hiérarchie déplacée. Qu'on me permette toutefois d'exprimer mon immense sympathie pour Paolo Dall'Oglio, père jésuite qui, comme moi, a « la Syrie au cœur ». Un mois après mon enlèvement, il s'est rendu à Raqqa afin de négocier une trêve entre djihadistes et peshmergas. Lorsqu'il a atteint le siège du gouvernorat pour demander audience à l'émir de l'État islamique, il avait aussi en tête les noms d'un certain nombre de personnes détenues par le groupe, dont il espérait obtenir la libération. J'en faisais partie. Finalement, il fut à son tour capturé. Aujourd'hui que je suis sorti, et lui toujours disparu, je souhaite lui témoigner ma reconnaissance éternelle.

L'éditeur tient à remercier Valentin Kowalski.

Table

Le Livre de Poche s'engage pour
l'environnement en réduisant
l'empreinte carbone de ses livres.
Celle de cet exemplaire est de :
300 g éq. CO$_2$
Rendez-vous sur
www.livredepoche-durable.fr

Composition réalisée par NORD COMPO

Achevé d'imprimer en novembre 2015 en Espagne par
CPI BLACKPRINT

Dépôt légal 1re publication : janvier 2016
LIBRAIRIE GÉNÉRALE FRANÇAISE
31, rue de Fleurus – 75278 Paris Cedex 06